Gabriel Massias

Investir en Bourse à l'International :

Les Stratégies Simples pour Se Diversifier et Atteindre l'Indépendance Financière

The 3M Bros Company

Je tiens à exprimer ma gratitude à mon oncle Roland, qui a toujours été un mentor et un guide pour moi. Son soutien et ses conseils ont été inestimables pendant la rédaction de ce livre.

Je suis fier de pouvoir partager ces connaissances avec vous et je suis convaincu que les informations présentées vous aideront à prendre le contrôle de votre avenir financier.

Merci encore, Roland, pour ta contribution à mon développement !

“Je crois que la chose la plus importante que l’on puisse faire, c’est diversifier son portefeuille.”

Paul Tudor Jones

“Diversifiez votre portefeuille en investissant dans divers marchés et à diverses périodes”

Burton Malkiel

“Je ne suis pas assez intelligent pour connaître d’avance l’évolution du marché.”

David *Swensen*

Sommaire

Introduction

Vous avez déjà songé à investir en bourse, mais vous ne savez pas par où commencer ? Ou peut-être avez-vous déjà investi, mais vous voulez diversifier votre portefeuille et découvrir de nouveaux marchés ?

Dans les deux cas, ce livre est fait pour vous !

Au cours de mes années d'expérience en tant qu'investisseur, j'ai appris qu'il est essentiel de regarder au-delà de son propre pays et d'explorer les marchés étrangers pour maximiser les opportunités d'investissement. C'est pourquoi j'ai décidé de créer ce guide, qui vous présentera les pays les plus prometteurs pour vous, avec des informations sur les marchés, les entreprises et les opportunités d'investissement.

Préparez-vous pour un voyage dans le monde de l'investissement ! Nous allons explorer les marchés stables et matures, mais aussi les marchés émergents qui regorgent de potentiel.

Trop souvent on a tendance à penser qu'il n'y a que les États-Unis ou la France où il faut investir. Que vous ayez un CTO ou un PEA, découvrez les pays qui offrent les meilleures opportunités d'investissement et laissez-vous surprendre. Accrochez-vous, car ce voyage promet d'être passionnant !

Préparez-vous à découvrir de nouveaux horizons et à saisir les opportunités que ces marchés ont à offrir.

Dans ce livre, j'ai fait le choix de me concentrer dans l'investissement en action, car pour moi c'est l'investissement le plus intéressant.

Les actions sont souvent plus risquées que les ETF, mais elles offrent également un potentiel de rendement supérieur. Si vous voulez vivre de vos revenus boursiers, vous devez investir dans des actions performantes.

Regardez Warren Buffett ! Il a bâti sa fortune en investissant dans des actions solides et en les gardant sur le long terme. Bien sûr, il y a des risques associés à l'investissement en actions, mais si vous êtes prêt à faire vos recherches, à suivre le marché et à investir dans des entreprises de qualité, vous pourrez vous aussi réaliser des gains importants.

Je n'ai pas pu traiter tous les pays en bourse, sinon ce livre serait interminable et indigeste pour vous !

J'ai donc dû faire des choix qui m'ont demandé beaucoup de réflexion, mais je crois être parvenu à condenser dans ce livre, les pays les plus intéressants pour investir en bourse !

J'ai sélectionné des pays qui ont déjà fait leurs preuves, d'autres qui sont en train de faire leurs preuves, et enfin, des pays qui ont un potentiel de croissance incroyable.

Je suis persuadé que vous trouverez dans ce guide un équilibre parfait entre des pays ayant déjà fait leurs preuves, des pays émergents en plein essor et des pays prometteurs qui ont un potentiel de retour incroyable. Ce choix varié vous offrira la liberté de choisir ce qui convient le mieux à votre profil d'investisseur et vous permettra d'atteindre une diversification optimale pour une performance maximale de votre portefeuille boursier.

Alors, êtes-vous prêts à vous lancer dans cette aventure passionnante et lucrative ? N'attendez plus et suivez-moi, on y va !

Votre avis compte !

Une fois que vous aurez fini ce livre, partagez votre avis.

Votre retour d'expérience sera utile pour les futurs lecteurs.

Je suis impatient de voir comment ce livre a eu un impact sur vous.

Merci d'avance pour votre contribution et bonne lecture !

Partie 1 :
Le plus gros marché du monde !

Chapitre 1 :

Un géant économique

1. Des chiffres qui donnent vite le tournis !

L'économie américaine est la plus importante du monde avec un PIB de plus de 24 796 milliards de dollars US en 2022...

L'économie américaine représente environ 25 % de l'économie mondiale !

Le PIB par habitant est l'un des plus élevés du monde : 70 248 USD en 2021.

- Comment en est-elle arrivée là ?
- Quelles sont ses forces et ses faiblesses ?
- Quel est son impact sur les marchés financiers mondiaux ?

2. Présentation de l'économie américaine

Le pays est également le leader dans de nombreux secteurs, tels que la technologie, la finance, l'industrie aérospatiale, la défense et la santé.

Avec une population de plus de 330 millions de personnes, ce qui en fait le 3e pays le plus peuplé dans le monde en 2022, les États-Unis ont un marché intérieur important et dynamique !

Tout n'est pas rose au pays de l'Oncle Sam, l'économie américaine a également des défis à relever :

- Des inégalités économiques importantes,
- La dette publique la plus élevée du monde,
- Des déséquilibres commerciaux,
- Des défis environnementaux...

Malgré ces défis, l'économie américaine reste une des plus attractives et des plus dynamiques du monde, offrant de nombreuses opportunités d'investissement.

3. Pourquoi investir dans l'économie américaine ?

Comme on l'a vu précédemment, l'économie américaine est actuellement la plus puissante dans le monde.

Sa force, c'est son rayonnement culturel et politique à travers le monde. On appelle ce pouvoir, le “soft power” (en français le “pouvoir doux”).

Ce soft power est notamment renforcé par l'influence des grandes entreprises américaines dans de nombreux secteurs d'activité à travers le monde, leur capacité d'innovation, ainsi que la qualité de leur main-d'œuvre.

Investir sur le marché boursier américain permet de bénéficier de cette dynamique économique et d'accompagner la croissance de ces entreprises tout en diversifiant son portefeuille boursier.

Le marché financier le plus développé du monde

En 2021, la capitalisation boursière américaine totale s'élevait à environ 25 600 milliards de dollars US, ce qui représente près de 40 % de la capitalisation boursière mondiale !

Pour illustrer cette suprématie, voici un exemple frappant : le S&P 500, l'un des principaux indices boursiers américains, surpasse largement le Nikkei 225, l'indice boursier japonais, même si le Japon est la 3e puissance économique mondiale.

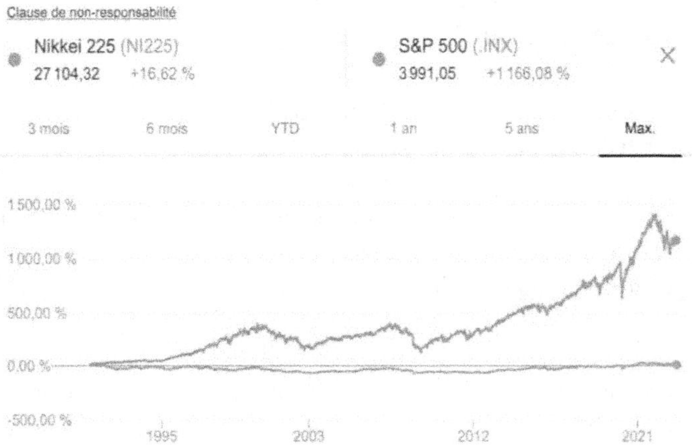

Le marché américain compte également le plus grand nombre d'entreprises cotées en bourse, avec plus de 5 500 sociétés listées sur les bourses américaines.

Ces chiffres sont confirmés par la Securities and Exchange Commission (SEC), qui réglemente les marchés financiers aux États-Unis.

Un marché dynamique et innovant

L'économie américaine est caractérisée par une forte culture de l'innovation et de l'entreprenariat. Les États-Unis abritent certaines des plus grandes entreprises du monde, telles que Apple, Microsoft, Amazon, qui ont révolutionné notre quotidien et crée des opportunités d'investissement intéressantes.

Pas besoin de faire de longs discours, il n'y a qu'à regarder la majorité des vêtements que l'on porte, ce que l'on regarde à la télévision, parfois ce que l'on mange ou bien la façon dont on pense, pour voir à quel point les États-Unis façonnent notre quotidien !

Un des marchés les plus transparents au monde

Les réglementations strictes et la supervision des autorités financières assurent une protection accrue pour les investisseurs. La Securities and Exchange Commission (SEC), est le "gendarme de la Bourse américaine".

C'est un organisme fédéral américain de réglementation et de contrôle des marchés financiers. Il est là pour s'assurer que tout le monde respecte les règles et ils sont assez sévères... ce qui est rassurant pour nous en tant qu'investisseur, car on a moins de chance de se faire arnaquer.

Un marché diversifié

L'économie américaine représente un marché diversifié avec des secteurs d'activité variés tels que la finance, la technologie, la santé, l'énergie et les services.

- Les États-Unis sont membres de l'Organisation mondiale du commerce (OMC), qui promeut le libre-échange entre les pays membres.

- Les États-Unis ont signé de nombreux accords de libre-échange avec d'autres pays, tels que l'Accord de libre-échange nord-américain (ALENA) avec le Canada et le Mexique, ou encore l'Accord de partenariat transpacifique (TPP) avec plusieurs pays de l'Asie-Pacifique.

- L'indice S&P 500, qui regroupe les 500 plus grandes entreprises américaines, couvre un large éventail de secteurs d'activité, ce qui témoigne de la diversité du marché américain.

- Selon les statistiques du Bureau of Economic Analysis (BEA) du Département du Commerce des États-Unis, les exportations américaines ont atteint 2 600 milliards de dollars en 2020 !

Une main-d'œuvre qualifiée et flexible

Les États-Unis sont connus pour leur main-d'œuvre hautement qualifiée, créative et flexible. Les entreprises américaines peuvent ainsi compter sur des employés compétents et adaptables, offrant un avantage concurrentiel important sur le marché mondial.

Voici quelques chiffres pour appuyer cette affirmation :

- Selon le classement de 2020 du World Economic Forum sur la compétitivité, les États-Unis se classent à la 2e place pour la qualité de leur main-d'œuvre, juste derrière la Suisse.

- Le taux de diplômés universitaires aux États-Unis est de 33 %, ce qui représente un pourcentage élevé par rapport à d'autres pays développés.

- Les États-Unis ont un système de formation professionnelle bien développé, avec des programmes de formation continue pour les travailleurs, afin de s'adapter constamment aux évolutions du marché.

- La flexibilité de la main-d'œuvre américaine est illustrée par le taux de chômage relativement faible aux États-Unis. En 2020, avant la pandémie de COVID-19, le taux de chômage aux États-Unis était de 3,5 %, soit le taux le plus bas enregistré depuis 50 ans !

Chapitre 2 :

L'histoire de la Bourse américaine est fascinante !

---

1. Évolution du marché boursier américain

La Bourse américaine est née au XVIIIe siècle à Philadelphie, où des courtiers ont commencé à échanger des actions de la Compagnie de la Baie d'Hudson. Plus tard, en 1792, un groupe de courtiers new-yorkais a signé l'Accord de Buttonwood, qui a marqué la naissance de la Bourse de New York (NYSE).

Au fil des années, la Bourse de New York est devenue la plus grande et la plus influente bourse du monde. Les moments clés de son histoire incluent la création du Dow Jones Industrial Average en 1896, qui est le plus vieil indice boursier du monde, et l'adoption du système de cotation électronique en 1971, qui a permis une augmentation considérable de la vitesse et du volume des échanges.

La Bourse de New York a également été le théâtre de moments historiques qui ont eu un impact majeur sur l'économie mondiale, tels que le krach boursier de 1929 qui a marqué le début de la Grande Dépression, et la crise financière de 2008.

Aujourd'hui, la Bourse de New York est la place boursière la plus importante dans le monde. Chaque jour, des milliers d'entreprises sont cotées et des milliards de dollars sont échangés.

Son influence s'étend bien au-delà des États-Unis, avec des répercussions sur l'économie mondiale et les marchés financiers du monde entier.

2. Les indices boursiers américains : Les principaux indices boursiers américains, leur composition et leur performance récente.

Les indices boursiers américains sont des baromètres essentiels pour comprendre les tendances du marché boursier.

Les 3 principaux indices boursiers américains sont :

- Le Dow Jones Industrial Average (DJIA) suit les 30 entreprises américaines importantes de secteurs d'activité variés, tels que la finance, l'énergie, la technologie, la santé, etc.

- Le S&P 500, quant à lui, suit les 500 plus grandes entreprises cotées en bourse aux États-Unis et offre une vision plus large du marché américain.

- Le Nasdaq Composite suit les entreprises technologiques et est considéré comme un indicateur clé de la performance du secteur de la technologie.

Des performances impressionnantes ces dernières années

En 2021, le S&P 500 a enregistré une hausse d'environ 26 %, tandis que le Nasdaq Composite a augmenté d'environ 21 %. Le DJIA a également connu une croissance solide avec une augmentation d'environ 18 %.

Ces indices sont considérés comme très liquides, ce qui signifie qu'il est facile d'acheter et de vendre des actions ou des ETF qui les composent sur le marché.

La liquidité est un facteur crucial à prendre en compte lors de l'investissement en bourse, car elle affecte la facilité avec laquelle vous pouvez entrer et sortir du marché.

Il convient de noter que les performances passées ne garantissent pas les résultats futurs, mais ces chiffres montrent la force et la résilience de l'économie américaine et de son marché boursier.

Chapitre 3 :

Les secteurs les plus rentables de la bourse américaine

1. Une économie dynamique et diversifiée

Le marché boursier américain est représentatif d'une économie dynamique, avec des secteurs d'activité variés.

Technologie

Avec des géants comme Apple, Microsoft, Amazon, ou encore Facebook, le secteur de la technologie est l'un des plus importants sur le marché boursier américain.

Apple est la première entreprise au monde en termes de capitalisation boursière en 2022 !

Les États-Unis sont le leader mondial du marché des logiciels et services informatiques, avec une part de marché de 47 % en 2020. De plus, ils sont le 2e plus grand producteur de semi-conducteurs au monde, après la Chine.

Santé

Les États-Unis sont le plus grand marché mondial de produits pharmaceutiques et de dispositifs médicaux, avec une part de marché de 45 % en 2019.

Des entreprises telles que Johnson & Johnson, Pfizer, ou Merck sont des piliers de l'économie américaine. Les investisseurs doivent suivre de près les avancées dans la recherche médicale et les développements de nouveaux traitements, qui peuvent avoir des retombées financières importantes.

Finance

Wall Street est le plus important des centres financiers du monde, et il est situé à New York !

Les principales banques américaines sont JP Morgan Chase, Bank of America, Citigroup et Wells Fargo & Co. Ce sont des leaders mondiaux dans ce domaine ! En plus de ces banques, il y a des acteurs majeurs du secteur de la finance comme Mastercard, Paypal ou encore Visa !

Énergie

ExxonMobil, Chevron et ConocoPhillips, etc, sont des géants du secteur de l'énergie ! En tant qu'investisseur en bourse, vous devez être attentif aux fluctuations des cours du pétrole et du gaz, ainsi qu'aux évolutions des technologies liées aux énergies renouvelables.

Immobilier

L'immobilier représente environ 13% du PIB américain ! Les investisseurs peuvent accéder à ce secteur via des sociétés de gestion d'actifs immobiliers (REITs), des constructeurs de logements, des fournisseurs de services immobiliers, et des sociétés de financement immobilier. Simon Property Group, WP Carey, Equity Residential ou encore Realty Income sont des exemples d'entreprises américaines spécialisées dans l'immobilier que vous pouvez acheter en bourse.

Consommation courante

Les États-Unis sont le 1er marché mondial des aliments et des boissons, avec des entreprises telles que Procter & Gamble, Coca-Cola, Pepsi, Tyson Foods, Cargill, Archer Daniels Midland, Sysco Corporation, ect...

À part Coca-Cola et Pepsi, ces noms ne vous disent peut-être pas grand-chose, mais ces entreprises sont omniprésentes dans notre alimentation quotidienne.

Je suis sûr que vous les connaissez.

Si je vous parle de Pampers, Ariel, Gillette, Head & Shoulders ? Sachez que ces marques appartiennent au groupe Procter & Gamble.

Tyson Foods est l'un des plus grands producteurs de viande au monde, vendant des produits sous les marques Tyson, Hillshire Farm, Jimmy Dean, et bien d'autres.

Cargill est l'un des plus grands producteurs d'ingrédients alimentaires au monde, fournit en autres : Nestlé, McDonald's et PepsiCo !

Consommation discrétionnaire

Qui ne connaît pas Nike, McDonald's ou encore Starbucks ? Ces entreprises du secteur produisent des biens et services qui ne sont pas strictement nécessaires à la vie quotidienne des consommateurs, mais qui sont fortement ancrés dans la culture populaire.

Ils offrent des expériences et des produits uniques, qui attirent les consommateurs à travers le monde et créent des communautés autour de leur marque. Leur succès est basé sur la création d'une image de marque forte et sur la qualité constante de leurs produits et services.

La défense

Les États-Unis sont actuellement le pays leader dans la production et l'exportation d'armes. Des entreprises comme Lockheed Martin, Boeing ou encore Raytheon Technologies dominent le secteur de la défense.

2. Les États-Unis explosent leurs concurrents !

Ressources naturelles

- Pétrole : 1er producteur mondial
- Gaz naturel : 1er producteur mondial
- Charbon : 2e producteur mondial
- Bois : 4e producteur mondial
- Or : 4e producteur mondial
- Cuivre : 4e producteur mondial
- Nickel : 6e producteur mondial
- Zinc : 7e producteur mondial
- Aluminium : 8e producteur mondial
- Argent : 10e producteur mondial
- Plomb : 10e producteur mondial

Je pourrais continuer ce classement encore longtemps, mais je crois que vous avez compris l'idée ! Les États-Unis sont un pays extrêmement bien doté en ressources naturelles. Bien évidemment, ils ne sont pas les seuls comme vous allez le voir au cours de ce livre.

Chapitre 4 :

Les entreprises américaines dans le monde

---

1. En bourse, les États-Unis sont quasiment inévitables...

Technologie

- Apple : 1er fabricant de smartphones au monde
- Microsoft : 1er éditeur de logiciels au monde
- Alphabet (Google) : 1er moteur de recherche au monde
- Meta : 1er réseau social au monde (même si Facebook est de plus en plus "ringard", il ne faut pas oublier que le groupe possède également Instagram et WhatsApp !)
- Intel : 1er fabricant de semi-conducteurs au monde en 2019

Santé

- Johnson & Johnson : 1er producteur mondial de produits de soins de santé
- Pfizer : 1er producteur mondial de médicaments
- Merck & Co : 1er producteur mondial de médicaments de prescription
- Amgen : 1er producteur mondial de médicaments biotechnologiques
- AbbVie : 2e producteur mondial de médicaments

Services financiers

- Visa : 1er système de paiement électronique au monde
- Mastercard : 2e système de paiement électronique au monde
- JPMorgan Chase & Co : 5e banque en termes d'actifs au monde
- Bank of America : 6e banque en termes d'actifs au monde

Consommation courante

- Procter & Gamble : 1er producteur mondial de biens de consommation courante
- Coca-Cola : 1er producteur mondial de boissons non-alcoolisées
- PepsiCo : 2e producteur mondial de boissons non-alcoolisées

Consommation discrétionnaire

- Amazon : 1er détaillant en ligne mondial
- Walmart : 1er détaillant physique mondial
- Costco : 2e détaillant physique mondial
- McDonald's : 1ere chaîne de restauration rapide au monde
- Starbucks : 2e plus grande chaîne de cafés au monde.
- The Walt Disney Company : 1ere entreprise de divertissement au monde.

Énergie

- ExxonMobil : 2e compagnie pétrolière au monde
- Chevron : 3e compagnie pétrolière au monde
- ConocoPhillips : 9e compagnie pétrolière au monde

Matériaux

- Dow : 1er producteur mondial de plastiques et de produits chimiques de spécialité
- DuPont : 1er producteur mondial de peintures et de revêtements
- Freeport-McMoRan : 1er producteur mondial de cuivre
- Alcoa : 2e producteur mondial d'aluminium

Industrie

- Caterpillar : 1er fabricant mondial de machines de construction et d'exploitation minière
- General Electric : 1er producteur mondial de turbines à gaz
- Boeing : 1er constructeur aéronautique au monde
- United Technologies : 1er fabricant mondial de climatiseurs

Communication

- AT&T : 1er opérateur de télécommunications au monde
- Verizon Communications : 2e opérateur de télécommunications au monde

2. Les avantages des entreprises américaines

A. Innovation, recherche et développement et qualité de la main-d'œuvre

Innovation

Selon l'Indice mondial de l'innovation de 2021, les États-Unis sont le deuxième pays le plus innovant, juste derrière la Suisse.

Les entreprises américaines bénéficient d'un environnement favorable à l'innovation, grâce à un système juridique et réglementaire favorable aux brevets et à une forte culture entrepreneuriale.

Recherche et développement

Les entreprises américaines investissent également massivement dans la recherche et développement (R&D).

En 2019, les entreprises américaines ont dépensé plus de 600 milliards de dollars US, soit près de 30 % des dépenses mondiales de R&D !

Ce fort investissement permet aux entreprises américaines de développer des produits et services innovants, et de maintenir leur avantage concurrentiel sur les marchés...

Qualité de la main-d'œuvre

Selon le Global Talent Competitiveness Index 2020, les États-Unis sont classés au 3e rang mondial pour la qualité de leur main-d'œuvre !

Les travailleurs américains sont souvent bien formés, qualifiés et disposent de compétences spécialisées, ce qui permet aux entreprises de rester à la pointe de l'innovation.

B. Éducation, culture entrepreneuriale et infrastructures

Éducation

Les États-Unis disposent de certaines des meilleures universités du monde. Selon le classement officiel de Shanghai, 17 des 20 meilleures universités du monde se trouvent aux États-Unis !

Les universités américaines sont renommées pour leur excellence, leur recherche de pointe et leur capacité à attirer les étudiants et les professeurs les plus talentueux du monde.

Culture entrepreneuriale

Les Américains sont souvent encouragés dès leur plus jeune âge à poursuivre leurs rêves, à innover et à créer leurs propres entreprises. Le gouvernement encourage l'entrepreneuriat à travers des programmes de subventions, de prêts et de réductions fiscales pour les petites entreprises.

En 2021, le Global Entrepreneurship Index a classé les États-Unis au 2e rang mondial en termes d'environnement entrepreneurial favorable !

Infrastructures

Les États-Unis disposent d'une infrastructure de qualité, qui facilite les échanges commerciaux. Les ports, les chemins de fer et les aéroports du pays sont parmi les meilleurs au monde. Le pays dispose également d'un vaste réseau d'autoroutes qui relie les principaux centres économiques.

Selon le World Economic Forum, les États-Unis occupent le 3e rang en termes de qualité des routes et le 6e rang en termes de qualité des infrastructures ferroviaires.

En ce qui concerne les aéroports, en 2021, l'aéroport international Hartsfield-Jackson d'Atlanta a été le plus fréquenté au monde, avec plus de 68 millions de passagers !

Chapitre 5 :

Les risques du marché boursier américain

1. Les risques politiques

L'incertitude guette…

Aux États-Unis, les élections présidentielles et les changements de gouvernements provoquent de la volatilité sur les marchés. En outre, les différends commerciaux avec d'autres pays peuvent également causer de l'incertitude sur les marchés boursiers…

États-Unis vs Chine

La guerre commerciale entre les États-Unis et la Chine a eu un impact sur le marché boursier américain à partir de 2018.

Pourquoi ?

Les États-Unis ont imposé des droits de douane sur les importations chinoises. La Chine a riposté avec des droits de douane sur les importations américaines.

Cette guerre commerciale a créé de l'incertitude sur les marchés boursiers. Les investisseurs craignent que les entreprises américaines ne soient plus en mesure d'exporter autant de produits en Chine et que les entreprises chinoises ne soient pas en mesure d'importer les matériaux dont elles ont besoin des États-Unis.

Ce “détail” a son importance ! En effet, le premier client des États-Unis c'est la Chine et le premier client de la Chine, ce sont les États-Unis...

Ces 2 pays ont une relation commerciale paradoxale, car la Chine veut essayer de détrôner les États-Unis et les États-Unis ne veulent pas que la Chine passe devant eux.

Les États-Unis cherchent à réduire leur déficit commercial avec la Chine et à protéger leur propriété intellectuelle. La Chine cherche à accroître sa puissance économique et technologique pour rivaliser avec les États-Unis sur la scène internationale.

2. Les risques économiques

Les États-Unis ont connu plusieurs récessions économiques par le passé, et le risque de récession est toujours présent.

Les fluctuations du taux de croissance économique, l'inflation et le chômage ont des impacts sur le marché boursier américain. En outre, l'endettement des ménages et des entreprises sont des risques, qu’il faut également prendre en compte.

La plus importante dette du monde !

La dette des États-Unis est la plus importante dette nationale au monde. Cette dette s'élève à plus de 30 928 milliards de dollars en 2022 !

Une dette élevée peut nuire à la croissance économique d'un pays et affecter les entreprises cotées en bourse.

Cependant, les États-Unis ont une économie robuste et diversifiée, ainsi qu'une monnaie forte. De plus, le gouvernement américain dispose de plusieurs outils pour gérer sa dette, notamment en augmentant les impôts, en réduisant les dépenses ou en empruntant à des taux d'intérêt bas.

Bien que la dette américaine constitue un risque pour les investisseurs, il convient également de prendre en compte la force économique globale des États-Unis et les mesures disponibles pour gérer cette dette !

Une arme redoutable : le dollar américain

Pourquoi le dollar est une arme redoutable ?

1. Le dollar est considéré comme la devise de réserve mondiale.

2. Le dollar est largement utilisé dans les transactions internationales, ce qui donne aux États-Unis un avantage unique pour continuer à s'endetter sans subir les conséquences négatives que connaissent les autres pays.

Cependant, cela ne signifie pas que les États-Unis peuvent continuer indéfiniment à s'endetter sans répercussions.

Nous n'avons pas de levier sur cette situation. La seule arme que vous avez à votre disposition, c'est la fameuse diversification ! C'est pour ça qu'au cours des parties suivantes, je vous parlerai des autres pays dans lesquels investir.

Peu importe la puissance économique d'un pays, avoir tous ses œufs dans un même panier est une stratégie risquée. Même si vous décidez d'investir dans les plus grosses capitalisations boursières américaines, vous prenez un risque si vous mettez tout votre capital dessus. C'est pour ça que vous lisez ce livre d'ailleurs !

3. Les risques géopolitiques

Il y a des risques même aux États-Unis

Les tensions géopolitiques, les conflits militaires, les attentats terroristes, les pandémies et les catastrophes naturelles impactent le marché boursier américain.

Peu importe si c'est l'économie la plus puissante du monde, car rien n'est immuable, encore moins lorsqu'il s'agit d'investissement !

Le 11 septembre 2001

Après les attaques terroristes du 11 septembre, les marchés boursiers ont connu une chute importante, avec une baisse de plus de 7 % le premier jour de négociation après les attentats. Les industries liées au tourisme et aux voyages ont également été durement touchées, entraînant une récession économique.

Le COVID-19

La pandémie de COVID-19 a eu un impact significatif sur l'économie américaine. Les mesures de confinement et les fermetures d'entreprises ont entraîné une baisse de l'activité économique, une augmentation du chômage et une chute des marchés boursiers.

Les gouvernements fédéraux et locaux ont mis en place des plans de relance pour soutenir les entreprises et les ménages touchés, mais les effets économiques de la pandémie se font toujours sentir.

Un pays résilient !

Malgré ces chocs, les États-Unis ont su rebondir et retrouver une croissance économique. Ils ont mis en place des politiques économiques pour réduire leur dépendance aux facteurs géopolitiques externes.

Honnêtement, je pense que c'est dans “l'ADN des Américains” de savoir rebondir après les événements négatifs.

4. Les risques de change

Un risque souvent oublié

Les risques de change sont un autre facteur à prendre. Étant donné que la plupart des transactions boursières sont libellées en dollars américains, les investisseurs sont exposés aux fluctuations du taux de change entre leur monnaie nationale et le dollar.

Un exemple simple

1. Un investisseur européen a acheté des actions américaines lorsque l'euro était plus fort que le dollar.

2. Il détient uniquement des actions libellées en euros.

3. L'euro se déprécie par rapport au dollar américain (c'est arrivé en 2022).

4. Ses actions perdent de la valeur...

Cela m'est arrivé à moi aussi

Un de mes comptes-titres a subi une sévère baisse en 2022, lorsque le dollar américain était bien au-dessus de l'euro ! Heureusement, à l'heure où j'écris ces lignes, l'euro est reparti à la hausse face au dollar. Cet événement m'a fait prendre conscience de l'importance du risque de change, même lorsqu'on est investi quotidiennement sur le meilleur marché boursier du monde !

5. Les risques liés à la volatilité

Un risque inhérent à tout investissement !

La volatilité du marché est un risque inhérent à tout investissement en bourse, y compris aux États-Unis !

Par exemple, en 2020, la pandémie de COVID-19 a entraîné une forte baisse des marchés boursiers dans le monde entier, y compris aux États-Unis.

En mars 2020, le Dow Jones Industrial Average a enregistré sa pire chute en pourcentage depuis le krach de 1987.

La volatilité peut devenir votre allié !

Certains investisseurs profitent de la volatilité en achetant des actions à bas prix lorsque le marché est en baisse. Puis, lorsque le marché se redresse, ils les revendent à un prix plus élevé !

J'ai profité du krach de 2020 lié au COVID-19 pour pouvoir acheter de nombreuses sociétés américaines de qualité qui était à des prix bradées !

Personnellement, je ne pratique pas la stratégie court terme qui consiste à acheter à bas prix, puis à revendre avec un profit. Je préfère garder mes actions et mes ETF, sur le long terme afin de me créer un capital conséquent !

Si vous cherchez à maximiser vos gains en bourse et à réussir dans vos investissements, ne cherchez plus !

J'ai conçu pour vous des guides pratiques et accessibles sur l'investissement en bourse qui :

1. *Vous aideront à sélectionner les meilleures actions et ETF*
2. *À rester rentable, que vous soyez débutant ou confirmé !*

Avec mes livres, vous aurez toutes les clés en main pour investir avec confiance et sécurité, sans laisser passer les opportunités qui se présentent à vous.

Ne manquez pas cette occasion de booster vos gains, procurez-vous dès maintenant mes 2 autres livres indispensables pour investir avec succès !

Partie 2 : Il n'y a pas que le marché américain : les pays développés à ne pas manquer !

Chapitre 6 :

Pourquoi diversifier en dehors du marché américain ?

1. Les avantages

Certes, le marché boursier américain est le plus grand et le plus important du monde. Mais, investir uniquement aux États-Unis présente des risques. En effet, se concentrer sur un seul marché augmente la volatilité et l'incertitude de votre portefeuille.

En investissant dans d'autres pays, vous réduisez les risques de pertes et vous augmentez vos chances de profiter des opportunités de croissance, dans des économies en développement.

De plus, vous diversifiez votre portefeuille en termes de secteurs et de devises.

On l'oublie parfois, mais si on est investi uniquement sur le marché américain, alors quand le dollar perd de la valeur face à l'euro (ou une autre monnaie), notre portefeuille perd de la valeur !

2. Les opportunités offertes par les autres marchés

Une stratégie intéressante

À l'heure actuelle, le marché américain est le plus grand et le plus liquide au monde ! Toutefois, il n'est pas le seul marché à offrir des opportunités d'investissement intéressantes. En effet, les marchés internationaux présentent de nombreuses opportunités qui ne sont pas disponibles sur le marché américain.

Qu'en pensent les grands investisseurs américains ?

- Ray Dalio, fondateur de Bridgewater Associates, a déclaré que "Les investissements à l'étranger sont une partie importante de la diversification globale".

- David Swensen, responsable des investissements à l'Université de Yale, a également souligné l'importance de la diversification internationale dans le portefeuille d'investissement, affirmant que "La diversification mondiale est la plus importante décision d'investissement que les investisseurs individuels peuvent prendre".

- Warren Buffett a également investi dans des actions étrangères, affirmant que "La peur de l'investissement à l'étranger est un non-sens. L'investissement à l'étranger peut être très lucratif et offre des opportunités que le marché américain ne peut pas offrir".

Chapitre 7 : Allemagne

1. Économie

La 4e économie la plus puissante du monde !

Surtout connue pour son industrie automobile, aéronautique et mécanique, l'Allemagne est également l'un des principaux exportateurs de la planète !

Son économie est caractérisée par une croissance stable et un taux de chômage relativement faible. Toutefois, l'Allemagne est également confrontée à des défis tels que le vieillissement de la population et la dépendance à l'égard des exportations.

Le 3e plus grand exportateur au monde !

L'Allemagne est le 3e plus grand exportateur au monde, avec un volume d'exportation de 1 204 milliards de dollars US en 2020 !

- Machines industrielles : 3e plus grand producteur de machines industrielles au monde.

- Énergie éolienne : 3e plus grand producteur d'énergie éolienne au monde.

- Industrie automobile : 4e plus grand producteur de voitures au monde.
- Industrie chimique : 4e plus grand producteur de produits chimiques au monde.
- Biotechnologie : 4e plus grand producteur de produits et services liés à la biotechnologie.
- Équipements électriques : 5e plus grand producteur d'équipements électriques au monde.

2. Le DAX

Le 4e plus important marché boursier du monde !

Dominé par la Bourse de Francfort, qui abrite des entreprises nationales et internationales cotées en bourse, l'indice boursier représentatif de ce marché est le DAX. Il regroupe les 30 plus grandes entreprises cotées en bourse en Allemagne. L'indice boursier le plus représentatif du marché allemand est le DAX (Deutscher Aktienindex). Créé en 1988, il regroupe les 30 plus grandes entreprises allemandes cotées à la bourse de Francfort.

Le DAX est un indice pondéré en fonction de la capitalisation boursière des entreprises qui le composent. Les entreprises qui ont la plus grande capitalisation boursière ont donc un poids plus important dans l'indice !

L'indice est dominé par les entreprises du secteur de l'industrie. Au cours des dernières années, le DAX a connu une croissance régulière, avec une augmentation de plus de 100 %

depuis 2011 ! Le DAX est considéré comme un indice boursier stable et fiable, ce qui en fait une référence pour les investisseurs cherchant à investir dans le marché allemand.

Évolution du DAX

L'indice boursier allemand DAX a connu une évolution très favorable ces dernières années. En 2021, il a atteint des niveaux records, dépassant les niveaux atteints avant la crise financière de 2008.

Cela s'explique par la résilience de l'économie allemande, malgré la pandémie de Covid-19 et les mesures de confinement. En effet, l'Allemagne a su rapidement mettre en place des mesures de soutien à l'économie, ce qui a permis de limiter les conséquences négatives de la pandémie sur le marché boursier.

3. Investir en Allemagne

Les opportunités

L'Allemagne est la 4e économie la plus importante du monde, derrière les États-Unis, la Chine et le Japon. Son économie est diversifiée, avec des industries à la pointe de l'innovation, dans les domaines de l'automobile, de l'ingénierie, de la technologie, de la finance et de la santé.

Le pays a une longue tradition d'excellence dans la fabrication de produits de haute qualité (la fameuse *"Deutsche Qualität"*). Cet atout indéniable explique en grande partie, la puissance exportatrice de l'Allemagne.

Avec une population de 83,2 millions en 2021, l'Allemagne dispose du plus important marché intérieur du continent européen !

Les avantages

Les entreprises allemandes sont connues pour la qualité de leurs produits et services, ce qui leur permet de rivaliser sur les marchés mondiaux.

L'Allemagne est également le berceau de nombreuses marques mondiales connues, telles que Volkswagen, BMW, Siemens et Adidas. Les entreprises allemandes ont tendance à être bien diversifiées, avec une forte présence à l'échelle internationale, ce qui les rend moins vulnérables aux chocs économiques nationaux !

En outre, l'Allemagne dispose d'un environnement favorable aux affaires, avec des réglementations transparentes, des infrastructures modernes et des institutions fiables.

Le pays est bien positionné dans des secteurs clés comme : les énergies renouvelables, la digitalisation, l'internet des objets, l'intelligence artificielle et la robotique. Enfin, l'Allemagne a une main-d'œuvre qualifiée et bien formée, ce qui est un avantage compétitif pour les entreprises implantées dans le pays !

4. Les risques

Les risques politiques, économiques et géopolitiques

L'Allemagne est un pays développé et stable politiquement, mais il n'est pas exempt de risques.

L'Allemagne a adopté une politique de rigueur budgétaire, qui peut avoir un impact sur la croissance économique à court terme.

En outre, la crise des réfugiés en Europe a créé des tensions politiques dans le pays et dans l'Union européenne dans son ensemble, ce qui peut affecter l'économie allemande. Les investisseurs doivent également prendre en compte les risques géopolitiques, en particulier en raison de la position centrale de l'Allemagne en Europe.

Les risques liés à l'Allemagne sont tout de même à nuancer, car ce pays est le plus puissant au niveau économique en Europe !

Les risques de change

La valeur de l'euro fluctue par rapport aux autres devises, ce qui a un impact sur les investissements. Les investisseurs doivent également surveiller les politiques monétaires de la Banque centrale européenne et de la Réserve fédérale américaine, qui influencent les taux de change de l'euro.

Les risques liés à la volatilité

Comme tous les indices boursiers, l'indice Dax est affecté par les événements économiques, politiques et sociaux que connaît notre monde.

Vous devez également prendre en compte les risques sectoriels, car certaines industries sont plus volatiles que d'autres, comme le secteur financier ou l'automobile par exemple !

5. Entreprises internationales

Entreprises internationales allemandes

Les entreprises allemandes couvrent un large éventail de secteurs d'activité, notamment :

- L'automobile : l'industrie automobile allemande est l'une des plus importantes au monde, avec des marques telles que BMW, Mercedes-Benz et Audi, ainsi que Volkswagen.

- La santé : les entreprises allemandes telles que Bayer et Merck KGaA sont des acteurs majeurs dans l'industrie pharmaceutique mondiale.

- La consommation courante : Henkel est une entreprise spécialisée qui est connue pour ses marques phares comme Persil, Schwarzkopf et Loctite. Beiersdorf, quant à elle, est spécialisée dans la production de produits de soins. Sa marque la plus célèbre est Nivea. En plus de Nivea, Beiersdorf possède les marques Eucerin et La Prairie.

- La consommation discrétionnaire : les marques allemandes telles qu'Adidas et Puma sont connues pour leurs produits de grande qualité dans l'industrie de la mode.

Performance boursière récente de ces entreprises

Au cours des dernières années, les entreprises allemandes ont connu des résultats mitigés en termes de performance boursière. Par exemple, Volkswagen a connu une forte hausse de son cours en 2020 après avoir annoncé des plans ambitieux dans le domaine des voitures électriques, tandis que Bayer a été confrontée à des défis juridiques liés au glyphosate. Cependant, dans l'ensemble, les entreprises allemandes ont généralement bien résisté aux turbulences économiques mondiales.

Chapitre 8 :

France

La deuxième économie de l'Union européenne, avec des entreprises leaders dans les secteurs de l'énergie, de la finance, de la santé et de l'agroalimentaire.

Il est tout à fait pertinent pour les investisseurs français de détenir des actions françaises via un Plan d'Epargne en Actions (PEA), compte tenu des avantages fiscaux qu'il offre.

Si vous souhaitez en savoir plus sur les spécificités du marché boursier français et sur la manière de tirer le meilleur parti de votre PEA, je vous invite à vous référer à mon livre où j'aborde en détail cette question. Vous y trouverez des conseils pratiques et des astuces pour optimiser vos investissements en France !

Chapitre 9 :

Royaume-Uni

1. Économie

L'économie britannique est l'une des plus développées au monde, avec un PIB de plus de 3 479 milliards de dollars US en 2022.

Le Royaume-Uni a un secteur des services bien développé, qui représente environ 80 % de son économie.

Les autres secteurs importants sont l'industrie manufacturière et les produits de consommation. Les principales entreprises britanniques opèrent dans les domaines de la finance, de la distribution, des télécommunications, de l'énergie et de la pharmacie. La croissance économique a été relativement stable ces dernières années, avec une croissance moyenne annuelle du PIB d'environ 1,5 %.

2. Le FTSE 100

Le 3e plus important indice boursier au monde !

Le marché boursier du Royaume-Uni est le 3e plus important au monde, après les États-Unis et le Japon ! Représenté par la Bourse de Londres, qui est une place financière de premier plan, le FTSE 100 est l'indice boursier le plus représentatif du marché britannique. Il regroupe les 100 plus grandes entreprises cotées en bourse du pays. La Bourse de Londres est caractérisée par une grande liquidité.

Créé en 1984, cet indice a connu des fluctuations importantes au cours de son histoire, notamment en raison des crises financières et économiques mondiales telles que la crise financière de 2008.

Évolution du FTSE 100

Au cours des cinq dernières années, le FTSE 100 a connu des hauts et des bas, passant d'un niveau de près de 7 000 points en janvier 2018 à un creux de près de 5 000 points en mars 2020 en raison de la pandémie de COVID-19.

Depuis, l'indice a rebondi et a atteint un niveau de près de 7 876 points, au moment où j'écris ces lignes. Malgré les fluctuations, le FTSE 100 reste un indice boursier important pour les investisseurs.

3. Investir au Royaume-Uni

Les opportunités

Les opportunités de croissance économique et de développement du marché boursier au Royaume-Uni sont diverses et incluent les secteurs de l'énergie, de la finance, de la technologie et de la santé. Le pays dispose d'une main-d'œuvre hautement qualifiée, de politiques gouvernementales favorables aux entreprises et d'une forte culture entrepreneuriale qui favorise l'innovation.

En outre, le Royaume-Uni est considéré comme un centre financier mondial, avec la ville de Londres abritant de nombreuses grandes institutions financières et bancaires, ainsi que des marchés de capitaux bien développés. Cela en fait un marché attractif pour les investisseurs internationaux cherchant à investir dans des entreprises britanniques et à profiter de l'expertise financière locale.

Les avantages

Les entreprises du Royaume-Uni bénéficient d'un certain nombre d'avantages compétitifs, notamment une main-d'œuvre hautement qualifiée et une culture de l'innovation.

Le pays est bien connu pour sa forte présence dans les secteurs de la technologie, de la santé et de la finance, avec des entreprises de renommée mondiale telles que BP, HSBC, GlaxoSmithKline et Rolls-Royce.

Les entreprises britanniques sont souvent bien gérées et ont de solides réputations en termes de qualité de leurs produits et services.

Le Royaume-Uni a une longue tradition de commerce international et dispose d'une infrastructure de transport bien développée, ce qui en fait un marché attractif pour les entreprises cherchant à exporter leurs produits et services à travers le monde.

4. Les risques

Les risques politiques, économiques et géopolitiques associés au pays

Le Royaume-Uni a connu une période de grande incertitude politique liée au Brexit.

Bien que le Brexit soit maintenant effectif, il y a toujours des incertitudes et des négociations en cours pour déterminer les relations futures entre le Royaume-Uni et l'UE. De plus, la pandémie de COVID-19 a eu un impact important sur l'économie du pays.

Les risques de change

Les investisseurs étrangers qui achètent des actions britanniques sont soumis au risque de change. Les fluctuations des taux de change entre la livre sterling et leur devise locale ont un impact significatif sur le rendement de leurs investissements.

Les risques liés à la volatilité

Le marché boursier britannique est parfois volatile et connaît des périodes de forte baisse en raison de facteurs tels que les événements politiques, les crises économiques et les fluctuations des taux de change.

5. Entreprises internationales

Entreprises internationales anglaises

Les entreprises du Royaume-Uni sont actives dans divers secteurs d'activité, tels que :

- Les services financiers : le Royaume-Uni est l'un des centres financiers les plus importants du monde, avec des entreprises telles que Barclays, HSBC, Lloyds et Standard Chartered qui opèrent à l'échelle mondiale.

- La technologie : le Royaume-Uni est un pôle technologique en pleine croissance, avec des entreprises telles qu'ARM Holdings, Sage Group, Micro Focus et Aveva, qui sont actives dans les domaines de la conception de puces, du développement de logiciels et des solutions d'ingénierie.

- Les biens de consommation courante : le Royaume-Uni abrite également des entreprises telles qu'Unilever, Reckitt Benckiser et Diageo, qui sont des leaders mondiaux dans la production de produits de consommation courante tels que les produits de soins personnels, les produits de nettoyage et les boissons alcoolisées.

- L'énergie : BP et Royal Dutch Shell sont des entreprises d'exploration et de production pétrolière et gazière majeures, avec une présence mondiale importante. En outre, le Royaume-Uni est un leader mondial dans la production d'énergie éolienne, avec des entreprises telles que Vestas Wind Systems et Siemens Gamesa Renewable Energy.

- La consommation discrétionnaire : Burberry, une entreprise de mode emblématique, est connue pour son trench-coat emblématique et son logo à carreaux. LVMH, le géant mondial du luxe, possède également des marques de mode britanniques telles que Stella McCartney et Thomas Pink.

- L'industrie extractive : Rio Tinto, BHP Group et Anglo American sont des entreprises minières mondiales qui ont leur siège social au Royaume-Uni. Ces entreprises extraient du cuivre, des diamants, du zinc, du fer, etc dans le monde entier.

- L'aérospatiale : le Royaume-Uni est un leader mondial dans l'industrie aérospatiale, avec des entreprises telles que BAE Systems et Rolls-Royce qui sont des acteurs majeurs dans la production de moteurs d'avions, de systèmes de défense et de technologie aérospatiale.

Performance boursière récente de ces entreprises

Les performances boursières de ces entreprises ont été variées ces dernières années. Par exemple, BP a connu une baisse de ses bénéfices en raison de la chute des prix du pétrole, tandis qu'Unilever a continué à afficher une croissance solide grâce à ses marques populaires et à sa présence mondiale.

HSBC a également connu des difficultés ces dernières années en raison des tensions commerciales entre les États-Unis et la Chine.

Cependant, AstraZeneca a connu une croissance soutenue grâce à son portefeuille de produits pharmaceutiques et à sa stratégie de croissance axée sur l'innovation, tandis que Diageo a continué à enregistrer des ventes solides grâce à son portefeuille de marques de boissons alcoolisées de haute qualité.

Chapitre 10 :

Suisse

1. Économie

La Suisse est une économie avancée qui se distingue par sa stabilité et sa prospérité. Le PIB de la Suisse est d'environ 800 milliards de dollars US, avec un des PIB par habitant les plus élevé de la planète. En effet, selon le classement FMI (Fonds Monétaire International) de 2022, les Suisses sont les 5e habitants les plus riches sur terre !

Les secteurs d'activité les plus importants de l'économie suisse sont la banque et la finance, la haute technologie, l'horlogerie, la pharmacie et l'agriculture. Le secteur bancaire suisse est considéré comme l'un des plus grands au monde en termes de gestion de patrimoine, avec des banques internationales telles qu'UBS et Credit Suisse ayant leur siège social en Suisse. La Suisse est également connue pour ses marques horlogères de luxe telles que Rolex, Omega et Patek Philippe. En outre, la Suisse est également active dans les industries pharmaceutiques et agroalimentaires.

2. Le Swiss Market Index

Description du marché boursier du pays

La bourse suisse a été créée en 1850 et est située à Zurich.

L'indice boursier le plus représentatif de la Suisse est le Swiss Market Index (SMI). Il est composé des 20 plus grandes entreprises cotées en bourse en Suisse, telles que Nestlé, Novartis, Roche, UBS et Credit Suisse. Le SMI est souvent utilisé comme baromètre de l'économie suisse.

Le marché boursier suisse est relativement petit comparé aux autres pays européens, mais il est connu pour sa grande stabilité.

Évolution du SMI

Au cours des dernières années, le SMI a connu une performance relativement stable, avec quelques fluctuations en réponse à des événements économiques et géopolitiques mondiaux. En 2020, le SMI a connu une forte baisse en raison de l'impact de la pandémie de Covid-19 sur les marchés financiers mondiaux, mais a récupéré une grande partie de ces pertes en 2021.

La stabilité du marché boursier suisse ainsi que sa capacité à attirer les investisseurs demeurent intactes. La Suisse est largement reconnue en tant que centre financier mondial et la présence d'un grand nombre d'entreprises multinationales sur son territoire renforce son attractivité.

3. Investir en Suisse

Les opportunités

La Suisse se démarque particulièrement dans les secteurs des technologies de pointe, des services financiers, de la santé et de la biotechnologie, offrant ainsi des perspectives intéressantes pour nous, les investisseurs.

Le pays le plus innovant du monde !

Selon l'Indice mondial de l'innovation de 2021, la Suisse est le pays le plus innovant du monde.

Ce pays investit massivement dans la recherche et le développement, ce qui stimule la croissance économique et encourage le développement de nouvelles industries.

Les entreprises suisses sont à la pointe de l'innovation, ce qui se reflète dans la qualité de leurs produits et services !

De plus, la Suisse dispose d'un environnement réglementaire stable et prévisible, ce qui réduit les risques pour les investisseurs. La stabilité politique et économique du pays est également un facteur rassurant pour les investisseurs, offrant ainsi une sécurité supplémentaire pour leurs investissements.

Les avantages

Les avantages compétitifs des entreprises suisses résident principalement dans leur expertise dans les secteurs clés tels que les services financiers, la biotechnologie, l'horlogerie, la pharmacie et l'ingénierie de précision.

Les entreprises suisses sont souvent considérées comme des leaders mondiaux en matière d'innovation, de qualité et de fiabilité.

La Suisse est également un centre financier majeur avec une forte réputation en matière de confidentialité bancaire et de gestion de fortune !

4. Les risques

Risques politiques, économiques et géopolitiques associés à la Suisse

La Suisse a une économie stable, mais elle est tout de même exposée à certains risques. Les relations avec l'Union européenne sont parfois tendues, ce qui pourrait affecter les exportations, et l'économie suisse en général.

Cependant, la Suisse est un pays neutre depuis plus de 200 ans !

Elle a été relativement épargnée par les conflits internationaux. Ce qui en fait un lieu sûr pour les investissements et les transactions financières. La stabilité politique du pays, sa solide économie et son système juridique transparent en font une destination attrayante pour les investisseurs étrangers !

Risques de change

La Suisse est un pays qui dépend fortement de ses exportations, ce qui la rend vulnérable aux fluctuations des taux de change.

Les variations des taux de change peuvent affecter la compétitivité des entreprises suisses sur les marchés mondiaux.

Risques liés à la volatilité

Comme pour tous les marchés boursiers, le marché suisse est soumis à une certaine volatilité.

Les événements économiques et politiques peuvent affecter la confiance des investisseurs, entraînant des fluctuations des prix des actions. La pandémie de COVID-19 a également eu un impact sur le marché boursier suisse, comme c'est le cas pour de nombreux autres marchés dans le monde.

Le franc suisse est une monnaie stable et forte, ce qui en fait un choix populaire pour les investisseurs du monde entier. Cependant, cette stabilité peut également être un inconvénient pour les exportateurs suisses, car elle rend leurs produits relativement plus chers sur les marchés étrangers lorsque le franc suisse est fort par rapport aux autres devises.

5. Entreprises internationales

Entreprises internationales suisses

- L'industrie pharmaceutique et la biotechnologie : la Suisse est connue pour son secteur pharmaceutique et biotechnologique, qui est l'un des plus importants au monde. Les entreprises suisses telles que Novartis, Roche, Lonza et Actelion sont des acteurs majeurs de l'industrie. Novartis est connue pour des produits tels que Diovan, Gleevec et Lucentis. Roche est spécialisée dans la recherche, le développement et la production de médicaments pour traiter le cancer et d'autres maladies graves.

- L'horlogerie : la Suisse est également célèbre pour son industrie horlogère. Les entreprises suisses telles que Rolex, Omega, Patek Philippe et Swatch Group sont des marques renommées dans l'industrie.

- L'agroalimentaire : Nestlé est l'une des plus grandes entreprises agroalimentaires au monde et est connue pour ses marques telles que Nescafé, KitKat et Gerber.

Un petit pays, mais de puissantes entreprises !

- Nestlé est la 1ère entreprise mondiale de production alimentaire et de boissons !

- Novartis : 6e plus grand producteur mondial de produits pharmaceutiques.

- Roche : 8ème plus grand producteur mondial de produits pharmaceutiques.

- Glencore : 14e plus grand producteur mondial minier.

Performance boursière récente de ces entreprises

Au cours des 5 dernières années, les actions de Nestlé ont généralement bien performé, avec une tendance haussière constante. Entre février 2018 et février 2023, le cours de l'action est passé de 72 CHF à 116 CHF ! Cette performance est relativement bonne compte tenu de la taille de cette entreprise. En effet, plus une entreprise est grosse, plus son potentiel de croissance est faible, compte tenu des parts de marché qu'elle détient déjà.

Les actions de Novartis ont également augmenté au cours des 5 dernières années. Entre février 2018 et janvier 2023, le cours de l'action est passé de 70 CHF à 85 CHF.

Les actions de Roche ont également eu une tendance haussière régulière, bien que les fluctuations aient été plus prononcées que pour les deux autres entreprises.

Chapitre 11 :

Norvège

1. Économie

L'économie norvégienne est prospère et stable, avec un PIB élevé et une faible dette publique. La Norvège est l'un des plus grands producteurs de pétrole et de gaz naturel au monde, ce qui a largement contribué à son succès économique.

En plus de ses ressources naturelles, la Norvège a également un des plus grands fonds souverains du monde, le fonds souverain de la Norvège, qui a été créé en 1990 pour investir les revenus provenant des ressources pétrolières et gazières. Ce fonds est actuellement évalué à plus de 11 657 milliards de dollars américains et est utilisé pour investir dans des entreprises étrangères, des actions, des obligations, des biens immobiliers et d'autres actifs dans le but de générer des revenus pour les générations futures.

Cet atout financier fait de la Norvège un pays très performant et bien géré financièrement. En termes de secteurs d'activité, la Norvège est également un leader mondial dans la pêche, l'aquaculture, la production d'énergie renouvelable et la technologie maritime.

2. L'OBX Index

Présentation de l'indice

L'OBX Index est composé des 25 entreprises les plus liquides cotées à la Bourse d'Oslo.

Le marché boursier norvégien est relativement petit par rapport à d'autres marchés européens, mais il est néanmoins liquide et offre des opportunités d'investissement vraiment intéressantes !

La bourse d'Oslo accueille des entreprises de différents secteurs, tels que l'énergie, la pêche, la technologie, la santé et les services financiers. Le marché boursier norvégien est influencé par sa dépendance aux exportations de pétrole et de gaz.

Évolution de l'OBX Index

L'OBX a connu des hauts et des bas au cours des dernières années.

En 2018, l'indice a atteint un sommet historique de plus de 900 points, avant de chuter en 2019 en raison de la baisse des prix du pétrole et des incertitudes économiques mondiales. Depuis lors, l'indice a récupéré une partie de sa valeur et s'est maintenu à des niveaux relativement stables.

3. Investir en Norvège

Les opportunités

En raison de ses vastes ressources naturelles, la Norvège est bien placée pour développer son secteur de l'énergie verte, avec des entreprises telles que Equinor et Scatec Solar.

Le secteur technologique norvégien est également en croissance, avec des entreprises telles que Kahoot! et Otovo qui connaissent une croissance rapide.

Enfin, le secteur des services financiers en Norvège est un autre domaine de croissance, avec des acteurs tels que DNB, Nordea et Storebrand qui sont des acteurs majeurs dans le domaine des services bancaires, des assurances et de la gestion d'actifs.

Les avantages

Stabilité politique

La Norvège est considérée comme l'un des pays les plus stables politiquement du monde !

Selon l'Indice de la stabilité politique mondiale de 2021 publié par The Economist Intelligence Unit, la Norvège est classée première parmi les pays les plus stables politiquement du monde. L'indice prend en compte des facteurs tels que la qualité des institutions politiques, les conflits internes et les tensions sociales, le niveau de criminalité, la perception de la corruption et la confiance dans les processus démocratiques.

Environnement commercial favorable

La Norvège a un système économique ouvert et diversifié, avec une forte présence de l'industrie pétrolière et gazière, mais également une solide base de PME innovantes dans des secteurs comme la technologie, les énergies renouvelables et la biotechnologie.

Main-d'œuvre hautement qualifiée

Le système éducatif norvégien est très développé et fournit une main-d'œuvre hautement qualifiée. Les travailleurs norvégiens sont souvent bien formés et ont un haut niveau d'expertise technique.

Selon le Programme International pour le Suivi des Acquis des élèves (PISA) de l'OCDE, la Norvège se classe régulièrement parmi les 10 premiers pays en matière d'éducation. Le PISA évalue les compétences en lecture, en mathématiques et en sciences des élèves de 15 ans dans les pays participants.

En 2018, la Norvège s'est placée au 5e rang mondial pour la lecture, au 9ème rang pour les mathématiques et au 6e rang pour les sciences...

Culture de l'innovation

La Norvège a une culture de l'innovation qui encourage les entreprises à être créatives et à chercher de nouvelles solutions.

De plus, selon l'indice de compétitivité mondiale du Forum économique mondial de 2021, la Norvège se classe au 12e rang mondial en termes de qualité de la main-d'œuvre !

Le fonds souverain norvégien est le plus grand du monde !

Avec une valeur d'environ 1 300 milliards de dollars US, le plus grand avantage compétitif de la Norvège est peut-être son fonds souverain.

Destiné à garantir l'avenir financier du pays, il est largement investi dans des entreprises à l'étranger. Les entreprises norvégiennes bénéficient de l'énorme puissance financière du fonds pour soutenir leur croissance et leur expansion à l'étranger !

4. Les risques

Les risques politiques, économiques et géopolitiques associés au pays

La Norvège est considérée comme un pays stable et sûr, avec une économie solide et diversifiée.

Cependant, il y a toujours des risques liés aux politiques économiques et fiscales du gouvernement. De plus, la Norvège dépend fortement des exportations de pétrole, de gaz et de poisson, ce qui la rend vulnérable aux fluctuations des prix des matières premières.

Les risques de change

La Norvège utilise la couronne norvégienne (NOK) comme devise, qui est soumise à des fluctuations sur les marchés des changes. Les variations du taux de change affectent les entreprises et les investisseurs qui opèrent dans le pays.

Les risques liés à la volatilité

Le marché boursier norvégien est relativement petit et influencé par des facteurs internes et externes. La volatilité des prix des matières premières, les changements de politique économique et fiscale et les événements géopolitiques peuvent tous affecter son marché boursier.

5. Des entreprises internationales

Présentation d'entreprises internationales ayant leur siège social dans ce pays

La Norvège abrite plusieurs entreprises internationales de renom, dont la compagnie pétrolière Statoil, qui a récemment changé de nom pour devenir Equinor, et la société de télécommunications Telenor.

D'autres entreprises internationales ayant leur siège social en Norvège incluent la compagnie maritime Wilhelmsen, le fournisseur d'équipements de navigation Navico, la société d'ingénierie Aker Solutions et la société de logiciels Opera Software.

- L'énergie : Avec plus de 2 millions de barils par jour, la Norvège est le 11e plus grand producteur de pétrole dans le monde. La Norvège est aussi connue pour être l'un des plus grands producteurs d'énergie hydraulique au monde, avec des entreprises telles que Statkraft et Hydro.

- La technologie : Opera est une entreprise norvégienne qui est connue pour son navigateur web du même nom. Kahoot! est une entreprise technologique norvégienne de renommée mondiale qui propose des plateformes d'apprentissage pour les écoles et les entreprises.

- La télécommunication : Telenor est présente dans plusieurs pays du monde.

Performance boursière récente de ces entreprises

Les entreprises norvégiennes citées précédemment ont globalement connu une performance boursière solide ces dernières années. Par exemple, les actions de Equinor ASA (anciennement Statoil) ont eu une tendance haussière constante depuis 2016, en partie grâce à la reprise des prix du pétrole.

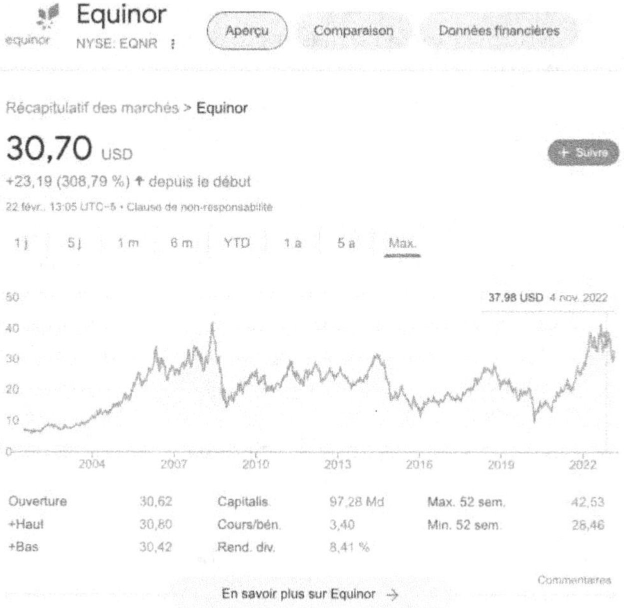

Telenor, l'opérateur de télécommunications, a également eu une performance solide avec une tendance haussière constante depuis 2018.

La société de transport maritime Wilhelmsen Holding a connu une performance plus volatile, mais a également connu une tendance haussière globale depuis 2016.

Chapitre 12 :

Suède

1. Économie

L'économie de la Suède est une économie développée qui repose sur un mélange de secteurs manufacturiers et de services.

Pays réputé pour son innovation, son haut niveau de technologie et sa forte orientation vers l'exportation, la Suède a de nombreux atouts !

Les principaux secteurs de l'économie suédoise sont les technologies de l'information, la télécommunication, la métallurgie, la construction navale, l'automobile, la pharmacie et l'industrie chimique.

Le pays est également connu pour son modèle social-démocrate, qui favorise l'égalité et le bien-être des citoyens. En termes de croissance économique, la Suède a connu une croissance stable et régulière ces dernières années.

2. L'OMX Stockholm 30 Index

La Stockholm Stock Exchange

Le marché boursier de la Suède est représenté par la Stockholm Stock Exchange qui est réputée pour son haut niveau de transparence et d'intégrité.

Le marché boursier suédois est caractérisé par sa grande liquidité, sa volatilité relativement faible et son accessibilité pour les investisseurs étrangers. Les entreprises suédoises cotées en bourse sont généralement bien gérées et ont une réputation d'excellence en matière de gouvernance d'entreprise.

L'indice boursier le plus représentatif du marché suédois est l'OMX Stockholm 30 Index. Cet indice regroupe les 30 entreprises les plus importantes et les plus liquides de la bourse de Stockholm. Il couvre une grande partie des secteurs d'activité de l'économie suédoise, tels que l'industrie, les services financiers, les technologies de l'information et les produits de consommation.

Évolution de l'indice

Au cours des dernières années, l'indice OMX Stockholm 30 a connu une performance solide, avec une tendance à la hausse depuis 2014.

Malgré quelques fluctuations à court terme, l'indice a atteint des sommets historiques en 2021. Cette performance est en partie due à la forte croissance de l'économie suédoise, qui a soutenu la croissance des entreprises cotées en bourse.

3. Investir en Suède

Les opportunités

La Suède est un pays à économie développée qui offre des opportunités intéressantes pour les investisseurs. Le pays est reconnu pour son innovation technologique et sa capacité à créer de la croissance économique dans des secteurs à forte valeur ajoutée.

Les entreprises suédoises sont souvent à la pointe de l'innovation dans des domaines tels que les technologies de l'information, les communications, les sciences de la vie, la médecine, l'ingénierie et l'environnement.

La Suède est également un leader mondial dans le domaine de l'énergie verte, avec des entreprises telles que Vattenfall et Scania en tête de file. Le marché boursier suédois offre donc des opportunités de croissance dans ces secteurs innovants et porteurs.

Les avantages

Environnement commercial favorable

La Suède offre un environnement commercial favorable pour les entreprises, avec un régime réglementaire et fiscal clair et stable. La Suède est classée au 10e rang mondial pour la facilité de faire des affaires.

Main-d'œuvre hautement qualifiée

Selon l'indice de compétitivité mondiale du Forum économique mondial de 2021, la Suède se classe au 7e rang mondial en termes de qualité de la main-d'œuvre !

Culture de l'innovation

Selon l'indice de l'innovation de Bloomberg de 2021, la Suède se classe au 5e rang mondial en termes d'innovation. L'indice prend en compte des facteurs tels que les dépenses de R&D, les brevets déposés et les dépenses en capital-risque.

4. Les risques

Les risques politiques, économiques et géopolitiques

Le risque politique est le risque qui me paraît le moins important à prendre en compte. En effet, comme la Norvège et la Suisse, la Suède a une longue histoire de neutralité et de stabilité politique.

La Suède est une économie avancée et diversifiée, mais elle dépend fortement des exportations. Les fluctuations des taux de change, des prix des matières premières et des conditions économiques dans d'autres pays pourraient impacter l'économie suédoise et, par conséquent, le marché boursier.

La Suède est un pays neutre, mais il est situé dans une région géopolitique complexe. Les tensions politiques et les conflits dans les pays voisins, tels que la Russie, pourraient impacter la stabilité régionale et avoir des répercussions sur les entreprises suédoises et le marché boursier.

Les risques de change

La Suède utilise la couronne suédoise (SEK) comme devise, donc il y a un risque de change pour les investisseurs qui investissent dans une autre devise.

Ces fluctuations des taux de change impactent les rendements des investissements.

Les risques liés à la volatilité

Le marché boursier suédois est sujet à la volatilité, comme tout marché boursier. Les facteurs qui impactent la volatilité du marché boursier suédois incluent les fluctuations économiques globales, les fluctuations des prix des matières premières, les changements de politique gouvernementale, les tensions politiques et géopolitiques et les événements imprévus tels que les catastrophes naturelles.

Vous devez être conscients de ces risques, afin de prendre des décisions éclairées.

5. Entreprises internationales

Présentation d'entreprises internationales ayant leur siège social dans ce pays

La Suède abrite le siège social de nombreuses entreprises multinationales, notamment :

Consommation discrétionnaire

La Suède compte 2 géants que tout le monde connaît : Ikea et H&M !

Ikea est présente dans plus de 50 pays. Elle est connue pour ses designs modernes et abordables. H&M qui est présente dans plus de 70 pays, est connue pour ses vêtements tendance et abordables.

L'industrie

Volvo, le fabricant de voitures, de camions et d'équipements de construction, est reconnue pour ses normes de sécurité élevées et son design scandinave élégant.En dehors de Volvo, l'industrie manufacturière suédoise comprend des entreprises telles que Group (machines et équipements industriels), Sandvik (outils et systèmes de coupe) et Essity (produits d'hygiène et de santé).

La technologie

Ericsson est une entreprise de télécommunications qui fournit des technologies de communication pour les opérateurs de téléphonie mobile et les entreprises dans le monde entier ! En plus des start-ups et des entreprises technologiques établies telles que Spotify, King (jeux mobiles), Mojang (Minecraft), il y a aussi Autoliv (sécurité automobile), et Elekta (solutions de radiothérapie).

Performance boursière récente de ces entreprises

Au cours des 5 dernières années, le cours de l'action de l'entreprise Ericsson a augmenté d'environ 40 %. Atlas Copco, une entreprise de fabrication d'équipements industriels a vu le cours de son action augmenter de 86 %, au cours des 5 dernières années !

Chapitre 13 :

Canada

1. Économie

Un des pays les plus riches au monde !

Le Canada est une économie avancée et diversifiée, avec un PIB nominal de plus de 1 990 milliards de dollars US en 2021.

Le pays possède d'importantes réserves de ressources naturelles. Les secteurs clés de l'économie canadienne sont la finance, l'agriculture, l'énergie, la construction, la fabrication et les technologies de l'information.

Produits agricoles

- Colza : 1er rang mondial
- Canola : 1er rang mondial
- Blé : 2e rang mondial
- Soja : 7e rang mondial

Minerais et hydrocarbures :

- Bois d'œuvre : 2e exportateur au monde
- Uranium : 2e producteur mondial
- Pétrole : 4e producteur mondial
- Gaz naturel : 4e producteur mondial.
- Or : 5e producteur mondial
- Nickel : 5e producteur mondial
- Zinc : 7e producteur mondial
- Cuivre : 10e producteur mondial

2. Le S&P/TSX

La 9ème plus grande bourse du monde

La Bourse de Toronto (TSX) est la principale bourse du Canada. Elle est réputée pour son expertise dans les secteurs des ressources naturelles, des finances et de l'énergie.

Elle offre aux investisseurs un large choix de sociétés cotées, avec plus de 1 500 entreprises inscrites !

L'indice boursier le plus représentatif du marché canadien est l'indice S&P/TSX, qui est géré par la bourse de Toronto (TSX). Cet indice comprend les plus grandes entreprises canadiennes cotées en bourse.

Évolution du S&P/TSX

Au cours des dernières années, l'indice S&P/TSX a connu une croissance régulière, avec des fluctuations en fonction des tendances du marché et des conditions économiques. Entre 2016 et 2020, l'indice a connu une croissance annuelle moyenne d'environ 6,5 %, ce qui est très positif compte tenu du développement avancé du Canada. En effet, ce type de croissance annuelle moyenne s'observe rarement dans les pays déjà développés, hors États-Unis.

Toutefois, avec la pandémie de COVID-19, l'indice a connu une baisse importante en mars 2020 avant de se rétablir progressivement par la suite. Au 31 décembre 2020, l'indice S&P/TSX se situait à environ 17 433 points !

3. Investir au Canada

Les opportunités

Commerce international

Le Canada a signé plusieurs accords de libre-échange avec d'autres pays, ce qui a beaucoup stimulé ses échanges commerciaux. Le nouvel accord États-Unis-Mexique-Canada (AEUMC) permet une croissance continue des échanges commerciaux entre ces 3 pays !

Énergie renouvelable

Le gouvernement canadien s'est engagé à atteindre une capacité de production d'énergie renouvelable de 90 % d'ici 2030, ce qui offre de bonnes opportunités d'investissement dans ce secteur !

Technologie

Le pays est connu pour ses innovations dans le domaine des technologies propres et de l'IA, avec des centres de recherche en intelligence artificielle à Toronto, Montréal et Edmonton.

Les avantages

- Stabilité financière : le système bancaire canadien est considéré comme l'un des plus stables au monde. Les grandes banques canadiennes ont une solide capitalisation et une gestion prudente des risques.

- Main-d'œuvre qualifiée : avec un très haut taux d'alphabétisation de 99 %, le Canada dispose d'une main-d'œuvre hautement qualifiée. Le pays possède de nombreuses universités de renommée mondiale, comme l'Université de Toronto, l'Université de Colombie-Britannique, l'Université McGill, l'Université de Montréal, etc. Ces universités sont régulièrement classées parmi les meilleures au monde en termes de qualité d'enseignement et de recherche !

Le pays dispose également de programmes de formation professionnelle de haute qualité, tels que ceux offerts par le Collège Seneca à Toronto, le Collège communautaire du Nouveau-Brunswick et le Collège La Cité à Ottawa. Ces programmes offrent une formation spécialisée dans des domaines tels que les technologies de l'information, la santé, les affaires et les métiers spécialisés, permettant aux diplômés d'acquérir des compétences pratiques et de trouver des emplois bien rémunérés.

- Ressources naturelles : le Canada est très riche en ressources naturelles. Les entreprises canadiennes dans les secteurs de l'énergie et de l'exploitation minière bénéficient d'un accès facile et efficace à ces ressources !

4. Les risques

Les risques politiques, économiques et géopolitiques

Le Canada est considéré comme un pays politiquement stable avec un système démocratique bien établi et une économie de marché libre.

Cependant, comme dans tous les pays, il existe des risques politiques et économiques potentiels.

En termes de risques géopolitiques, le Canada partage une longue frontière avec les États-Unis et entretient des relations étroites avec son voisin du sud.

Il est évident que le Canada dépend davantage des États-Unis, mais ces 2 pays entretiennent une interdépendance économique. Honnêtement, je ne vois pas comment ces 2 pays pourraient être en conflit.

Les risques de change

Le dollar canadien (CAD) est une monnaie qui fluctue comme chaque devise. Les investisseurs étrangers doivent tenir compte des risques de change associés à l'investissement dans des entreprises canadiennes, en raison de la variation des taux de change.

Les risques liés à la volatilité

Le marché boursier canadien est souvent exposé à la volatilité causée par des facteurs tels que les fluctuations des prix des matières premières, les taux d'intérêt, les conditions économiques internes et externes, ainsi que les événements politiques mondiaux.

Vous devez prendre en compte ces risques potentiels. Maintenez une diversification de vos actifs boursiers pour minimiser les risques associés à un seul secteur ou à un seul pays.

5. Entreprises internationales

Éclipsé par son grand frère du Sud, les États-Unis

De nombreux investisseurs sous-estiment les opportunités qui se cachent dans ce marché !

J'ai regroupé pour vous, en triant par secteur, les meilleures entreprises canadiennes. Afin d'être totalement transparent avec vous, je me dois de vous dire que j'ai investi de l'argent dans l'entreprise Enbridge et Royal Bank of Canada.

Hydrocarbure et matières premières

Enbridge est spécialisée dans la distribution de pétrole et de gaz naturel. Elle opère notamment des pipelines pour transporter ces ressources depuis les lieux de production jusqu'aux consommateurs. Enbridge est l'une des plus grandes entreprises énergétiques du monde et possède des actifs dans plusieurs pays, y compris les États-Unis.

Barrick Gold, qui est le plus grand producteur d'or au monde ! Basée à Toronto, l'entreprise possède des mines d'or et de métaux précieux dans plusieurs pays, notamment en Afrique, en Amérique du Sud et en Australie.

Des entreprises comme Suncor qui est un important producteur de sables bitumineux ou encore Teck Resources qui produit du cuivre, du zinc et du plomb, profitent elles aussi de la richesse en ressources naturelles du Canada !

Services financiers

Avec une capitalisation boursière de 189,23 milliards de dollars canadiens, RBC (Royal Bank of Canada) est la plus grande banque au Canada et la 11ème plus grande banque au monde !

Brookfield Asset Management est une société de gestion d'actifs mondiale qui investit dans différents secteurs, notamment l'immobilier, l'énergie renouvelable et les ressources naturelles.

Aérospatiale

Bombardier est une entreprise multinationale de transport et d'aérospatiale qui produit des avions, des trains et des équipements connexes. Bombardier emploie environ 60 000 personnes dans le monde !

Technologie de pointe

Fondée en 2006 à Ottawa, Shopify est devenue l'une des principales plateformes de commerce électronique au monde, avec un chiffre d'affaires de plus de 3 milliards de dollars en 2021 !

Blackberry est une entreprise canadienne de technologie qui se spécialise dans la conception et la fabrication de smartphones, de tablettes et de logiciels pour les entreprises.

Hootsuite fournit des outils pour aider les entreprises à gérer leurs comptes sur les réseaux sociaux. OpenText est une entreprise de logiciels qui fournit des solutions de gestion de l'information d'entreprise.

Performance boursière récente de ces entreprises

Au cours des dernières années, les entreprises canadiennes ont connu une performance boursière relativement stable, avec une croissance régulière dans les secteurs clés tels que les services financiers, la gestion d'actifs, l'aérospatiale et la technologie.

Entre janvier 2016 et janvier 2021, l'action de RBC a augmenté d'environ 38 % alors que l'action de TD Bank a augmenté d'environ 18 %.

Entre janvier 2016 et janvier 2021, l'action de Brookfield Asset Management a augmenté d'environ 60 %, ce qui fait quand même une moyenne annuelle d'environ 12 % !

Pour autant, tout n'est pas tout rose au Canada. L'action de Bombardier a chuté d'environ 85 % entre janvier 2016 et janvier 2021 !

Chapitre 14 :

Japon

1. Économie

La 3e puissance économique mondiale !

En 2021, le pays avait un PIB nominal de plus de 4 941 milliards de dollars US !

Le Japon est un pays très avancé technologiquement et est particulièrement connu pour ses industries de pointe.

Malgré des difficultés économiques dans les années 1990, le Japon a connu une croissance économique stable au cours des dernières années, avec un taux de croissance annuel moyen du PIB de 1,4 % entre 2010 et 2019.

Toutefois, l'économie japonaise a été affectée par la pandémie de COVID-19, avec une contraction du PIB de 4,8 % en 2020.

Le gouvernement japonais a mis en place des politiques économiques visant à stimuler la croissance économique, notamment à travers des plans de relance et des réformes structurelles. Le Japon est également un important exportateur de produits manufacturés et est engagé dans de nombreux accords commerciaux internationaux.

Un leader incontestable dans de nombreux secteurs !

Technologie

Leader mondial en matière de robotique, d'intelligence artificielle et de semi-conducteurs, le Japon était classé 3e dans l'indice mondial de l'innovation en 2021 ! Le pays du soleil levant est considéré comme ayant la 2e économie la plus innovante au monde par le Global Innovation Index !

Automobile

3e plus grand producteur automobile au monde, derrière la Chine et les États-Unis, le Japon compte des constructeurs de renom, comme Toyota, Honda et Nissan. En 2020, Toyota était la marque automobile la plus vendue au monde !

Électronique grand public

Le Japon est un leader mondial dans la production d'électronique grand public. Le pays excelle dans la production de téléviseurs, d'appareils photos, de consoles de jeux vidéo, d'ordinateurs et de smartphones.

Industrie manufacturière

Connu pour sa forte présence dans l'industrie manufacturière, le Japon est classé 4e dans le monde pour sa production manufacturière totale.

Pêche

C'est le plus grand producteur de produits de la mer au monde ! En 2020, le Japon était le 2e plus grand exportateur de produits de la mer, juste derrière la Chine.

R&D

Le Japon investit également beaucoup dans la Recherche et Développement. En 2020, il est classé 5e dans le monde en termes de dépenses de recherche et développement.

2. Le Nikkei 225

La 3e plus grande bourse du monde !

La Bourse de Tokyo a une capitalisation boursière de plus de 5 600 milliards de dollars US en 2020 !

La Bourse de Tokyo est constituée de 2 sections : la première section qui comprend les plus grandes sociétés cotées et la deuxième section qui regroupe les sociétés plus petites.

Le Nikkei 225 est le plus important indice boursier du marché japonais. Créé en 1950, il est composé des 225 plus grandes entreprises cotées à la Bourse de Tokyo en termes de capitalisation boursière.

Évolution du Nikkei 225

Au cours des dernières années, l'indice Nikkei 225 a été assez volatile.

En 2018, l'indice a connu une baisse importante, en grande partie due aux tensions commerciales entre les États-Unis et la Chine, ainsi qu'à la faiblesse du marché intérieur japonais.

En 2020, l'indice a subi une chute importante en raison de la pandémie de COVID-19. Heureusement, l'indice s'est rapidement redressé en raison des mesures de relance économique prises par le gouvernement japonais et de la reprise économique mondiale.

En 2021, l'indice a atteint son plus haut niveau depuis plus de 30 ans, dépassant le seuil des 30 000 points pour la première fois depuis 1990 !

3. Investir au Japon

Les opportunités

Le Japon a connu une période de croissance économique rapide après la Seconde Guerre mondiale, qui a été surnommée le "miracle économique japonais". Bien que le pays ait été confronté à des défis économiques au cours des dernières décennies, il a maintenu une économie avancée et diversifiée, offrant plusieurs opportunités de croissance économique.

Le gouvernement japonais a lancé plusieurs initiatives pour stimuler la croissance économique, notamment la Stratégie de croissance pour la rénovation, une initiative visant à promouvoir des secteurs tels que les énergies renouvelables, les technologies de l'information et les soins de santé.

Le marché boursier japonais offre également des opportunités de croissance, avec des entreprises innovantes et en pleine expansion telles que SoftBank Group, Rakuten, Sony, Toyota et Honda, pour n'en citer que quelques-unes.

De plus, le gouvernement japonais a récemment entrepris des réformes pour encourager les investissements étrangers dans le marché boursier japonais, ce qui va également stimuler la croissance de ces entreprises.

Le Japon est également bien positionné pour profiter de l'essor de l'économie numérique, avec des entreprises leaders dans les technologies de pointe telles que les robots, l'Internet des objets (IoT) et l'intelligence artificielle (IA).

Enfin, le Japon est un leader dans les “industries du vieillissement”, avec une population âgée qui nécessite des soins de santé et des technologies innovantes pour améliorer la qualité de vie. Le vieillissement croissant de la population japonaise, nous offre des opportunités en bourse, dans des entreprises qui opèrent dans ces secteurs !

Les avantages

Les entreprises japonaises ont un sens aigu de l'innovation, de la qualité et de la satisfaction du client, ce qui leur permet de se démarquer sur les marchés internationaux.

De plus, le Japon est le pays du monde qui dépose le plus de brevets chaque année, avec une moyenne annuelle de plus de 300 000 brevets déposés !

Les entreprises japonaises ont également une forte tradition d'apprentissage continu et de perfectionnement de leurs compétences.

Les programmes de formation des employés sont souvent considérés comme les meilleurs au monde. C'est la raison pour laquelle les entreprises japonaises arrivent à rester compétitives dans un environnement économique mondial en constante évolution.

Tous ces avantages compétitifs font du Japon un pays attractif pour les investisseurs, car ils peuvent s'attendre à voir les entreprises japonaises continuer de croître et d'innover. Ce qui se traduira par une performance boursière solide à long terme !

4. Les risques

Les risques politiques, économiques et géopolitiques associés au pays

Le Japon est confronté à plusieurs défis économiques et politiques, notamment une croissance économique faible, une dette publique élevée et un vieillissement de la population.

Le 2e pays le plus endetté au monde...

En 2022, le Japon affichait une dette publique qui atteignait 266 % de son PIB !

La pandémie de COVID-19 a affecté l'économie japonaise. De plus, les tensions géopolitiques dans la région, en particulier avec la Corée du Nord et la Chine, peuvent avoir un impact sur la stabilité du pays.

Les risques de change

Le Japon est connu pour sa politique monétaire accommodante et sa devise, le yen japonais, est souvent considérée comme une monnaie refuge en période de volatilité des marchés.

Cependant, les fluctuations des taux de change ont un impact sur les investisseurs étrangers qui investissent dans des actions japonaises.

Vous l'aurez compris, dès lors que vous investissez dans une autre monnaie que la vôtre, il y a un risque de change. Peu importe si le pays est solide comme le Japon, ce risque ne peut pas disparaître !

Les risques liés à la volatilité

Le marché boursier japonais est l'un des plus volatils du monde. Par exemple, la pandémie de COVID-19 a provoqué une forte baisse de l'indice Nikkei 225 au début de l'année 2020, bien qu'il ait depuis repris une partie de ces pertes.

La faible croissance économique des dernières décennies a eu un impact sur la performance des entreprises cotées en bourse.

Enfin, les investisseurs étrangers représentent une part importante des transactions sur le marché boursier japonais, ce qui contribue à la volatilité.

Les flux de capitaux étrangers étant influencés par des facteurs comme les taux de change et les différences de réglementation, ce phénomène vient renforcer la volatilité du marché boursier japonais.

5. Entreprises internationales

Automobile

- Toyota est la plus grande entreprise automobile au monde en termes de ventes ! Elle est spécialisée dans la production de voitures de qualité et de véhicules utilitaires.

- Deuxième plus grande entreprise automobile japonaise, Honda est reconnue pour ses innovations dans le domaine des moteurs à combustion interne.

- Nissan est reconnue pour ses voitures économes en carburant et ses modèles de voitures électriques.

- Mitsubishi Motors est spécialisée dans la production de voitures électriques et de SU5.

Électronique

- Spécialisée dans la production de produits électroniques grand public, Sony est un leader incontesté de ce secteur au niveau mondial !

- Panasonic est spécialisée dans la production de téléviseurs, d'appareils photo numériques, de systèmes de climatisation et d'équipements de cuisine.

- Toshiba, Hitachi, Sharp et Fujitsu, ainsi que de nombreuses autres entreprises japonaises, sont spécialisées dans l'électronique grand public, les semi-conducteurs, tous les types d'équipements de télécommunications, les technologies de pointe de l'information et les systèmes énergétiques, etc... Je vais m'arrêter ici, car la liste est encore longue !

Industrie lourde

- Mitsubishi Heavy Industries : Elle est spécialisée dans la production d'avions, de machines industrielles, de turbines à gaz, de générateurs et d'équipements de transport ferroviaire.

- Kawasaki Heavy Industries : Elle est spécialisée dans la production d'avions, de trains, de bateaux, de moteurs à combustion interne et de turbines à gaz.

- Sumitomo Heavy Industries : Elle est spécialisée dans la production d'équipements pour l'industrie pétrolière et gazière, les centrales électriques, les équipements de construction et les machines-outils.

Performance boursière

Toyota a vu sa valeur boursière augmenter d'environ 40 % au cours des 5 dernières années. En 5 ans, l'action Sony a explosé à la hausse avec une évolution de plus de 123 % entre janvier 2018 et janvier 2023, ce qui donne une belle croissance annuelle moyenne d'environ 25 % !

Tout n'est pas tout rose, au pays du soleil levant ! Si on s'intéresse à l'action Panasonic, sa valeur a chuté de 25 % en 5 ans !

Chapitre 15 :

Corée du Sud

1. Économie

La 4e plus grande économie d'Asie

Le pays a un PIB d'environ 1 811 milliards de dollars US, ce qui en fait la 11e plus grande économie du monde !

Le taux de croissance économique de la Corée du Sud a été relativement stable ces dernières années, oscillant entre 2 % et 3,5 %.

Les principaux secteurs d'activité en Corée du Sud comprennent l'industrie automobile, l'électronique, la construction navale, la pétrochimie et la sidérurgie.

Les grandes entreprises sud-coréennes sont également bien implantées dans le secteur des semi-conducteurs et des smartphones.

La Corée du Sud est également un important producteur de produits chimiques et de produits pharmaceutiques.

Les chaebols

Les chaebols sont des conglomérats familiaux sud-coréens qui ont une grande influence sur l'économie du pays.

Des entreprises comme Samsung, LG, Hyundai, SK et POSCO, sont des chaebols. Elles sont présentes dans de multiples secteurs économiques et ont une forte présence sur les marchés nationaux et internationaux. Elles emploient une grande partie de la main-d'œuvre sud-coréenne et génèrent une part importante des revenus du pays !

Leur domination sur l'économie sud-coréenne est attribuée à plusieurs facteurs, notamment leur capacité à obtenir des financements à des taux d'intérêt avantageux grâce à leur taille et à leur influence, ainsi que leur capacité à accéder à des ressources et à des technologies avancées.

La puissance des chaebols n'est pas sans conséquence sur l'économie sud-coréenne.

Certains experts estiment que leur domination excessive peut conduire à une concentration excessive du pouvoir économique et à une absence de concurrence sur le marché.

Malgré cela, les chaebols jouent un rôle crucial dans le développement de l'économie sud-coréenne et de son marché boursier.

2. Le KOSPI

La bourse de Séoul est la 4e plus grande bourse d'Asie

La bourse de Séoul a été créée en 1956 et compte aujourd'hui plus de 2 000 sociétés cotées. La bourse de Séoul est la 4e plus grande bourse d'Asie en termes de capitalisation boursière, derrière Tokyo, Shanghai et Hong Kong.

L'indice boursier le plus représentatif de la Corée du Sud est le KOSPI (Korea Composite Stock Price Index). Créé en 1983, il est composé des 200 plus grandes entreprises cotées en bourse sur la Korea Exchange (KRX).Les principales industries représentées sont les technologies de l'information, l'industrie automobile, les produits chimiques, les services financiers et les produits électroniques.

L'indice KOSPI est fortement influencé par les performances de l'entreprise Samsung, qui représente près de 25 % de l'indice ! Par conséquent, les investisseurs qui cherchent à investir dans le KOSPI doivent être conscients de leurs dépendances vis-à-vis de Samsung.

Évolution du KOSPI

L'indice a connu une croissance significative entre janvier 2016 et juillet 2021, avec une évolution d'environ 71 % !

Cependant, il a également connu des périodes de volatilité importante, notamment en 2018 lorsqu'il a chuté de plus de 17 % en seulement 2 mois. Malgré cela, le KOSPI reste un indice important pour les investisseurs qui cherchent à investir dans les marchés de croissance.

3. Investir en Corée du Sud

Les opportunités

Les opportunités de croissance économique et de développement du marché boursier en Corée du Sud sont considérables.

Le pays maintient une croissance moyenne annuelle de 3,8 % au cours des cinq dernières années.

Le gouvernement a lancé plusieurs initiatives visant à encourager l'innovation et à stimuler la croissance économique, notamment en investissant dans les technologies de pointe telles que l'IA, la 5G et l'Internet des objets !

Les avantages

Technologie de pointe

La Corée du Sud est réputée pour être à la pointe de la technologie, avec des entreprises comme Samsung et LG qui sont des leaders mondiaux dans les domaines de l'électronique grand public, des semi-conducteurs et de la téléphonie mobile. Cette expertise technologique leur permet de produire des produits innovants, performants et attractifs pour les consommateurs.

Coûts de production compétitifs

Les entreprises sud-coréennes ont généralement des coûts de production relativement bas par rapport à leurs concurrents des pays développés, tout en maintenant des normes de qualité élevées. Cet avantage non négligeable, permet aux entreprises sud-coréennes de proposer des produits à des prix plus que compétitifs !

Culture de l'innovation

La culture sud-coréenne favorise l'innovation et l'amélioration. Cette culture de l'innovation est profondément ancrée dans la société sud-coréenne, car ce sont des valeurs très importantes. Les Sud-Coréens sont poussés dès leur plus jeune âge à être innovants et créatifs !

Ces atouts majeurs permettent aux entreprises sud-coréennes de développer de nouveaux produits qui répondent aux besoins changeants du marché.

Main-d'œuvre hautement qualifiée

Le système éducatif de la Corée du Sud est considéré comme l'un des meilleurs au monde. Selon l'OCDE, en 2019, 70% des adultes sud-coréens avaient terminé des études supérieures, soit le taux le plus élevé de tous les pays membres.

La Corée du Sud est le pays avec le plus grand nombre de diplômés en sciences et en ingénierie !

Cette main-d'œuvre hautement qualifiée et compétitive est donc un atout pour les entreprises sud-coréennes qui peuvent ainsi maintenir leur avantage concurrentiel grâce à des employés bien formés et compétents.

4. Les risques

Les risques politiques, économiques et géopolitiques

La proximité avec la Corée du Nord, dont le régime est connu pour son instabilité politique et sa possession d'armes nucléaires, cause parfois des perturbations sur les marchés financiers sud-coréens.

La Corée du Sud a une forte dépendance à l'égard de la Chine pour ses exportations. Tout changement dans les relations commerciales entre les 2 pays a des répercussions sur l'économie sud-coréenne et donc sur le marché boursier !

Le pays est situé dans une région de tensions géopolitiques. Les tensions commerciales entre les États-Unis et la Chine n'arrangent pas l'économie sud-coréenne...

Les risques de change

Comme de nombreux autres pays exportateurs, la Corée du Sud est sensible aux fluctuations des taux de change. Les variations des taux de change affectent les profits des entreprises exportatrices et donc leur valorisation boursière.

Les risques liés à la volatilité

J'ai fait le choix de classer la Corée du Sud dans les marchés développés, car le pays présente toutes les caractéristiques économiques d'un pays développé.

De nombreux experts classent le marché boursier sud-coréen en “marché émergent”, car il est plus volatile que les marchés développés.

Vous devez être conscients de ces risques qui peuvent affecter la valorisation de vos actifs en bourse.

5. Entreprises internationales

Technologie

Samsung Electronics est un fleuron sud-coréen et l'une des plus grandes entreprises de technologie au monde. Spécialisée dans la production de smartphones, de téléviseurs, d'ordinateurs, de puces mémoire, de caméras, Samsung est un leader qui affiche une forte croissance de ses bénéfices, ce qui en fait une entreprise attractive pour les investisseurs en bourse.

SK Hynix est un géant de l'industrie des semi-conducteurs. Il fournit des grandes marques comme Apple, Dell et Hewlett-Packard. Il a connu une forte croissance de ses bénéfices suite à la demande croissante des secteurs de la technologie et de l'automobile.

Automobile

Hyundai Motor est un des plus grands constructeurs automobiles au monde ! La société produit une large gamme de voitures, camions et autobus sous plusieurs marques, notamment Kia et Genesis. Hyundai Motor a connu une croissance significative de ses ventes ces dernières années, ce qui peut en faire une bonne action à détenir dans son portefeuille.

LG Chem est un des plus importants fabricants de batteries pour voitures électriques au monde. LG Chem est une filiale du groupe LG. La société fournit des batteries à de grands constructeurs automobiles tels que General Motors, Ford et Hyundai.

Industrie

POSCO est le 4e plus gros producteur mondial d'acier au monde. La société produit une large gamme de produits en acier pour de nombreux secteurs, notamment l'automobile, la construction et l'énergie. POSCO a connu une forte croissance de ses bénéfices ces dernières années grâce à l'augmentation de la demande d'acier en Asie.

Performance boursière récente de certaines de ces entreprises

Entre janvier 2016 et janvier 2021, l'action de Samsung Electronics a augmenté d'environ 290 % !

Voici un autre exemple d'une action sud-coréenne qui a très bien performé, entre novembre 2016 (date de l'entrée en bourse) et janvier 2021, l'action de Samsung Biologics a augmenté d'environ 200 % !

À l'inverse, l'action de Celltrion, une entreprise du domaine de la santé, a dégringolé d'environ 55 % entre janvier 2018 et janvier 2023 !

Chapitre 16 :

Taiwan

1. Économie

Considérée comme un "Dragon Asiatiques" en raison de sa croissance économique rapide depuis les années 1960, Taiwan est une économie avancée.

" Les Dragon Asiatiques" sont un groupe de quatre pays d'Asie de l'Est qui ont connu une croissance économique rapide et une industrialisation réussie dans les années 1960-1990. Il s'agit de Taïwan, de Hong Kong, de Singapour et de la Corée du Sud.

Ce terme a été inventé par l'économiste américain John W. Sewell dans les années 1970 pour décrire la réussite économique de ces pays qui ont connu une croissance rapide, avec une économie dominée par l'industrie manufacturière et une forte présence à l'exportation.

Le PIB de Taiwan s'élève à environ 1 293 milliards de dollars US, faisant de l'île, la 22e économie mondiale en termes de PIB.

Le secteur manufacturier est le moteur de l'économie de Taïwan, avec une forte concentration sur les industries de l'électronique, de la technologie de l'information et de la communication, de l'automobile et de la chimie. Taiwan est également un important producteur de semi-conducteurs, de circuits intégrés et de produits électroniques grand public.

En termes de commerce international, Taiwan est très dépendante des exportations, avec la Chine continentale, les États-Unis et le Japon étant ses principaux partenaires commerciaux. Cependant, Taiwan a récemment cherché à diversifier ses relations commerciales avec d'autres pays asiatiques pour réduire sa dépendance à l'égard de la Chine.

2. Le Taiwan Capitalization Weighted Stock Index

Le marché boursier de Taiwan est l'un des plus importants d'Asie !

Le Taiwan Capitalization Weighted Stock Index est l'indice boursier le plus représentatif du marché taïwanais. Il est considéré comme l'un des marchés les plus liquides d'Asie !

Dominé par les secteurs de la technologie et de l'électronique, qui représentent près de 60 % de la capitalisation boursière totale, les autres secteurs de l'indice incluent les services financiers, les matériaux de base et l'industrie chimique.

Évolution du Taiwan Capitalization Weighted Stock Index

Au cours des dernières années, l'indice a connu une croissance soutenue, malgré quelques périodes de volatilité.

Entre 2017 et 2021, l'indice a progressé d'environ 70 %, passant d'environ 10 000 points à plus de 17 000 points en mai 2021.

Les investisseurs ont été attirés par la forte croissance économique de Taiwan et par la présence de grandes entreprises technologiques telles que TSMC, qui est considérée comme le principal moteur de la croissance économique de Taiwan et qui représente une part importante de l'indice.

Cependant, l'indice boursier taïwanais est sensible aux relations politiques et économiques de la région, en particulier avec la Chine. En outre, la forte dépendance de l'indice aux entreprises technologiques le rend vulnérable aux fluctuations du marché mondial des semi-conducteurs.

3. Investir à Taïwan

Les opportunités

Le pays est reconnu pour son innovation et sa compétitivité dans les secteurs de haute technologie tels que les semi-conducteurs, l'électronique, les technologies de l'information et des communications.

En tant que pionnier dans ces secteurs, Taiwan dispose d'un avantage compétitif significatif sur la plupart des autres pays de la région.

Taiwan a également investi massivement dans l'industrie manufacturière, les énergies renouvelables et la biotechnologie. L'île a récemment lancé un plan visant à augmenter sa part de marché mondial dans les énergies renouvelables. L'objectif pour le pays est de devenir l'un des principaux fabricants de panneaux solaires dans le monde !

Les avantages

- Taïwan est connu pour sa capacité à s'adapter rapidement aux évolutions du marché. Le pays a des avantages dans des secteurs tels que les semi-conducteurs, les écrans plats, les ordinateurs et les produits chimiques.

- Une forte base industrielle : les entreprises taïwanaises sont connues pour leur expertise en matière de fabrication de biens de haute technologie, en semi-conducteurs, ordinateurs et produits électroniques.

- R&D : le gouvernement taïwanais a investi massivement dans la recherche et le développement pour aider les entreprises à rester compétitives. Les entreprises taïwanaises investissent également dans la R&D pour développer de nouveaux produits et maintenir leur avantage compétitif.

- Une main-d'œuvre hautement qualifiée : le niveau d'éducation à Taïwan est élevé et le pays a une main-d'œuvre hautement qualifiée. Cela permet aux entreprises de Taïwan de se distinguer !

- Une infrastructure solide : Taïwan dispose d'une infrastructure solide, des ports modernes, des autoroutes et des liaisons ferroviaires efficaces. Ainsi, les entreprises taïwanaises se connectent facilement au reste du monde.

- Une position géographique stratégique : Taïwan est située dans une région stratégique de l'Asie. En effet, le pays a un accès facile aux marchés du Japon, de la Corée du Sud et surtout de la Chine. Le pays est une véritable plaque tournante des investissements en Asie !

4. Les risques

Les risques politiques, économiques et géopolitiques

Taiwan est toujours revendiquée par la Chine ! Les relations entre les 2 pays sont souvent tendues...

Tout comme ses voisins de la région Asie-Pacifique, Taiwan est confronté à des risques géopolitiques majeurs qui peuvent avoir des conséquences graves sur sa stabilité. Les restrictions commerciales, les tensions militaires et les conflits territoriaux sont autant de menaces potentielles qui pèsent sur l'île.

Taiwan (comme le Japon, la Corée du Sud ainsi que la face maritime de la Chine) se situe dans la ceinture de feu. Les tremblements de terre, les typhons et les éruptions volcaniques peuvent survenir à tout moment et causer des pertes humaines et matérielles considérables...

Ces événements imprévus perturbent les chaînes d'approvisionnement et entraînent des pertes économiques importantes pour l'île.

La ceinture de feu

La ceinture de feu est une région qui s'étend tout autour de l'océan Pacifique et qui est connue pour sa forte activité sismique et volcanique.

Plus de 80 % des tremblements de terre, des éruptions volcaniques et des typhons du monde, se produisent dans cette zone !

Les risques de change

Les variations du taux de change peuvent affecter les investissements en bourse de Taiwan, en particulier pour les investisseurs étrangers. Si la monnaie locale (le dollar taïwanais) se déprécie par rapport à la monnaie d'origine de l'investisseur, cela réduit le rendement de l'investissement.

Les risques liés à la volatilité

Comme tout marché boursier, celui de Taiwan est soumis à la volatilité. Il est important pour les investisseurs de bien comprendre la dynamique du marché et d'adopter une approche à long terme pour minimiser les risques liés à la volatilité.

5. Entreprises internationales

Présentation d'entreprises internationales

Technologie de l'information

Taiwan Semiconductor Manufacturing Company (TSMC) est le leader mondial de la production de semi-conducteurs ! TSMC fournit des puces à de nombreuses grandes entreprises, notamment Apple, NVIDIA, AMD et Qualcomm.

Hon Hai Precision Industry (Ex Foxconn) est le principal fournisseur de l'iPhone...

Électronique

Fondée en 1976, Acer est une entreprise taïwanaise spécialisée dans la production d'ordinateurs, de tablettes et de smartphones. Les produits Acer sont connus pour leur qualité et leur fiabilité.

HTC conçoit et fabrique des smartphones, notamment la gamme de smartphones HTC One.

Industrie

Créé en 1954, Formosa Plastics est l'un des plus grands producteurs de plastiques, de fibres synthétiques et de produits chimiques de base au monde !

Services financiers

Cathay Financial Holding est un groupe financier diversifié qui propose des services bancaires, d'assurance et de gestion de fonds, tout comme Fubon, un autre groupe financier, qui propose des services bancaires, d'assurance et de gestion de fonds très apprécié dans le monde !

Performance boursière récente de certaines de ces entreprises

Au cours des cinq dernières années, l'action TSMC a connu une croissance fulgurante d'environ 104 % entre mars 2018 et mars 2023 !

Malgré une demande croissante pour ses produits, l'action Foxconn a connu une baisse d'environ 11 % entre mars 2018 et mars 2023...

Chapitre 17 :

Singapour

1. Économie

Le 3e pays le plus riche au monde en termes de PIB par habitant !

L'économie de Singapour est l'une des plus développées et des plus diversifiées d'Asie. Elle repose sur un mélange d'industries manufacturières, de services financiers, de commerce international et de tourisme.

De plus, le gouvernement encourage activement le développement de nouvelles technologies :

- intelligence artificielle,
- cybersécurité,
- technologie blockchain,
- robotique,
- biotechnologie,
- ect…

Une plaque tournante du commerce mondial.

Singapour est situé dans le détroit de Malacca, l'une des routes maritimes les plus importantes du monde, qui relie les océans Indien et Pacifique.

Près de 30 % du commerce maritime mondial passe par cette voie !

Singapour est un carrefour majeur pour le transport de marchandises entre l'Asie, l'Europe et l'Amérique. La ville-état est également un centre financier et commercial clé de la région Asie-Pacifique, attirant des investisseurs du monde entier.

Le pays a connu un véritable bond en avant dans les années 70 et il est considéré comme un des “4 Dragon Asiatiques".

Le secteur manufacturier représente une part importante de l'économie singapourienne, avec des industries telles que l'électronique, les produits pharmaceutiques, la pétrochimie, la construction navale et l'aérospatiale.

Les services financiers sont également un secteur important, avec la présence de nombreuses banques, compagnies d'assurance et fonds d'investissement.

2. Le STI

L'indice boursier le plus représentatif du marché de Singapour est le Straits Times Index (STI), qui est géré par la Singapore Exchange (SGX). Il suit les performances des 30 plus grandes sociétés cotées à la bourse de Singapour.

Singapour dispose de l'une des plus importantes bourses d'Asie en termes de capitalisation.

La bourse de Singapour est divisée en 2 catégories : le Mainboard et le Catalist.

Le Mainboard comprend les grandes entreprises locales et internationales, tandis que le Catalist est destiné aux petites et moyennes entreprises.

Le marché boursier de Singapour est considéré comme relativement stable et liquide, avec une volatilité modérée par rapport à d'autres marchés asiatiques.

Évolution de l'indice boursier sur les dernières années

Au cours des 5 dernières années, le STI a connu des fluctuations importantes, avec une tendance à la hausse jusqu'en janvier 2018, suivie d'une période de volatilité croissante jusqu'à la fin de 2018.

En 2019, le STI a connu une forte hausse, avec une augmentation de plus de 8 % sur l'année. En 2020, la pandémie de COVID-19 a entraîné une forte chute de l'indice, mais il a récupéré une grande partie de ses pertes au cours de la seconde moitié de l'année. En 2021, le STI a continué à augmenter, atteignant des niveaux pré-pandémiques à la fin de l'année.

3. Investir à Singapour

Les opportunités

- Une économie diversifiée : Singapour a développé une économie diversifiée avec des secteurs clés tels que la finance, la technologie, les biens de consommation et les produits chimiques. Cette diversification permet à Singapour de réduire sa dépendance sur un secteur en particulier, et de répartir les risques économiques.

- Un hub financier régional : Singapour est l'un des centres financiers les plus importants d'Asie (et du monde), avec une présence importante d'acteurs financiers internationaux. La ville-État offre une infrastructure financière solide, des réglementations claires et stables, ainsi qu'un environnement commercial favorable pour les investisseurs.

- Un hub technologique : le gouvernement singapourien a mis en place des politiques pour encourager l'innovation et le développement des technologies.

Les avantages

Une position géographique stratégique

Singapour est un carrefour important du commerce international et sert de plaque tournante pour les échanges commerciaux en Asie.

Une main-d'œuvre hautement qualifiée

Singapour a une main-d'œuvre hautement qualifiée, avec un taux d'alphabétisation élevé et une population multilingue. Cette main-d'œuvre est capable de s'adapter rapidement aux changements économiques et technologiques, et de répondre aux besoins des entreprises.

Un environnement favorable aux affaires

Singapour est régulièrement classé parmi les pays les plus compétitifs au monde en matière d'investissement ! Le pays dispose d'un système bancaire solide et d'un environnement fiscal attractif.

Des infrastructures de qualité

Le port de Singapour a été classé en 2020, comme le 2e port le plus fréquenté au monde en termes de volume de conteneurs, derrière le port de Shanghai en Chine !

Singapour dispose d'un aéroport international et d'un réseau de transport efficace. Le pays est également connu pour son urbanisme innovant et sa qualité de vie élevée.

Des entreprises leaders dans leur domaine

Singapour abrite plusieurs entreprises de renommée internationale, notamment Singapore Airlines, DBS Bank, Temasek Holdings, Keppel Corporation, CapitaLand et bien d'autres.

Ces entreprises se distinguent par leur qualité, leur expertise et leur capacité à innover.

4. Les risques

Les risques politiques, économiques et géopolitiques associés au pays

Singapour est très dépendante du commerce international, ce qui la rend vulnérable aux fluctuations économiques mondiales et aux tensions commerciales entre les grandes puissances.

En outre, la ville-état est confrontée à des défis démographiques, notamment un vieillissement de la population, ce qui entraîne de plus en plus de pressions sur les finances publiques et l'économie en général.

Cependant, Singapour garde des atouts indéniables pour les investisseurs et les entreprises :

- C'est l'un des pays les plus sûrs au monde avec un taux de criminalité très faible !
- Ces habitants sont parmi les plus riches sur terre...

Les risques de change

Singapour est très dépendante des échanges commerciaux et financiers internationaux, ce qui expose les investisseurs à des risques de change. Les fluctuations du Dollar de Singapour peuvent affecter les résultats des entreprises et les rendements des investissements boursiers.

Les risques liés à la volatilité

Le marché boursier de Singapour est parfois volatile en raison de l'exposition de l'économie aux marchés mondiaux, de la dépendance des entreprises locales aux exportations et de la concurrence croissante des autres centres financiers de la région.

5. Entreprises internationales

- Singapore Airlines est l'une des meilleures compagnies aériennes du monde en termes de qualité de service et de sécurité. Elle exploite des vols vers plus de 60 destinations dans le monde.

- DBS Group est la plus grande banque de Singapour en termes d'actifs et opère dans plus de 18 marchés en Asie. Elle offre une gamme complète de services bancaires, de financement, d'assurance et de gestion de patrimoine.

- Keppel Corporation est une société de construction et de développement immobilier qui a également des activités dans les secteurs de l'énergie et de l'environnement. Elle est présente dans plus de 20 pays !

- United Overseas Bank (UOB) est l'une des 3 principales banques de Singapour et est également présente dans plusieurs pays d'Asie. Elle offre des services bancaires commerciaux, de détail et privés, ainsi que des services de financement de projets.

Performance boursière récente de ces entreprises

Sur les 5 dernières années, l'action de DBS Group Holdings a augmenté d'environ 18 %. En 2021, malgré les impacts de la pandémie de Covid-19, la banque a réussi à maintenir son niveau de bénéfices grâce à une gestion rigoureuse des coûts et une augmentation de ses revenus nets.

Singapore Airlines Limited a été touchée de plein fouet par la pandémie de Covid-19. En conséquence, son action a chuté de plus de 60 % en 2020.

Chapitre 18 :

Israël

---

1. Économie

L'économie israélienne est la plus développée du Moyen-Orient. La croissance économique d'Israël a été assez stable au cours des dernières années, avec un taux moyen de 3 % à 4 % par an.

Avec un PIB nominal de plus de 488 milliards de dollars US et un PIB par habitant d'environ 45 000 dollars, Israël est un pays économiquement bien développé.

Les principales exportations du pays sont les diamants taillés, les produits pharmaceutiques, les équipements de communication, les produits électroniques, les machines et les équipements médicaux.

Israël a également développé un secteur de haute technologie florissant, souvent appelé "Silicon Wadi". Des entreprises telles que Check Point, Wix, et Mobileye sont des fleurons de ce secteur. Les industries de la haute technologie représentent environ 12 % du PIB du pays et plus de la moitié des exportations. En outre, Israël est un leader mondial dans les technologies de l'eau, grâce à sa forte expertise dans la désalinisation et la réutilisation des eaux usées.

Le pays est également un important centre financier dans la région, avec des banques comme la Banque Leumi et la Banque Hapoalim. Enfin, le tourisme est un secteur important de l'économie, attirant des millions de visiteurs chaque année pour visiter des sites religieux, historiques et culturels.

Cependant, le pays est confronté à des défis économiques tels que l'inégalité des revenus et les coûts élevés de la vie, en particulier dans les grandes villes.

2. Le TA-35

Le TA-35 Index est composé des 35 plus grandes entreprises cotées en bourse en Israël. Il est géré par la bourse de Tel Aviv et est considéré comme l'un des indices les plus importants du Moyen-Orient.

La bourse de Tel-Aviv est assez liquide, avec un nombre d'actions cotées relativement élevé et un volume d'échange important !

Évolution du TA-35 Index

Entre janvier 2018 et janvier 2023, l'indice a pris environ 20 % ! Cette évolution est plutôt positive, car cela donne un taux de croissance d'environ 4 % par an.

En 2020, il a enregistré une baisse de près de 25 % en raison de la pandémie de Covid-19, mais a ensuite connu une reprise importante en 2021, atteignant des niveaux record !

3. Investir en Israël

Les opportunités

Technologie

Israël est souvent surnommé la "Start-up Nation" en raison de sa capacité à produire des entreprises de haute technologie.

Des entreprises telles que Mobileye (systèmes d'assistance à la conduite), Waze (application de navigation) et Check Point (sécurité informatique) ont été créées en Israël et ont connu un succès mondial. Israël est également un leader dans les domaines de la cybersécurité, de la bioélectronique et de la nanotechnologie !

Agriculture

Malgré son climat aride, Israël est un producteur de fruits et légumes de haute qualité grâce à sa technologie d'irrigation de pointe.

Énergie

Israël est un pionnier dans les énergies solaires et éoliennes. La start-up israélienne SolarEdge est d'ailleurs un leader mondial dans la production d'onduleurs solaires !

Santé

Israël est un centre important de recherche et de développement notamment en biotechnologie, en pharmacologie et en recherche médicale. Des entreprises israéliennes telles que Teva Pharmaceuticals et Compugen connaissent un succès international.

Défense

Connu pour son expertise militaire, Israël a des entreprises de pointe. Elbit Systems, Rafael Advanced Defense Systems et Israel Aerospace Industries sont des leaders mondiaux dans le développement de technologies de défense avancées.

Les avantages

- Secteurs en croissance : Israël a une économie diversifiée, avec des secteurs en croissance tels que la haute technologie, les sciences de la vie, les énergies renouvelables et le tourisme. Ces secteurs offrent de nombreuses opportunités d'investissement.

- Innovation et R&D : reconnues pour leurs fortes cultures de l'innovation, les entreprises israéliennes sont souvent à la pointe de leur secteur, avec des technologies et des produits innovants.

- Relations commerciales : Israël a des accords de libre-échange avec de nombreux pays, ce qui facilite le commerce international. De plus, sa proximité géographique avec l'Europe et l'Asie en fait une plaque tournante pour le commerce mondial.

- Stabilité économique : Israël a une économie stable et diversifiée, avec des taux de croissance économique solides ces dernières années. Le pays a également un système financier bien développé et réglementé.

- Soutien gouvernemental : le gouvernement israélien soutient l'innovation et l'entrepreneuriat, offrant des subventions et des avantages fiscaux aux entreprises qui investissent dans la R&D.

4. Les risques

Risques politiques, économiques et géopolitiques

Israël est situé dans une région de conflits et cela créer de l'instabilité dans le pays. Il y a également des tensions internes en Israël, notamment en ce qui concerne le conflit israélo-palestinien.

Risques de change

Comme pour tout investissement dans une devise étrangère, il y a un risque de change associé à l'investissement en Israël. Les fluctuations du shekel peuvent avoir un impact sur le rendement de vos investissements.

Risques liés à la volatilité

Le marché boursier israélien est volatil, en partie en raison des tensions géopolitiques. Vous devez être conscients de cette volatilité et être prêts à faire face à des mouvements de marché baissiers.

5. Entreprises internationales

Présentation d'entreprises internationales israéliennes

Technologie

- Check Point Software Technologies développe et vend des solutions de sécurité informatique destinées aux entreprises et aux gouvernements du monde entier. C'est l'un des principaux fournisseurs de pare-feux et de logiciels de sécurité pour les réseaux.

- Wix.com : fondée en 2006, elle est devenue l'une des plateformes de création de sites web les plus populaires au monde !

- Fiverr International : cette plateforme permet aux travailleurs indépendants de proposer leurs services de conception graphique, rédaction, traduction, programmation, etc. Fiverr International est aujourd'hui l'une des plus grandes plateformes de freelance au monde !

Santé

- Teva Pharmaceutical Industries est l'un des plus grands fabricants de médicaments génériques au monde. La société développe et commercialise des produits pharmaceutiques brevetés, des médicaments en vente libre et des médicaments de prescription.

- InMode est une entreprise de dispositifs médicaux esthétiques pour la chirurgie esthétique et non-invasive. La société est présente dans plus de 120 pays à travers le monde !

Autres secteurs

- SodaStream International est une entreprise de fabrication d'appareils de boisson gazeuse pour les consommateurs. Elle est présente dans plus de 45 pays à travers le monde.

- Strauss Group est une entreprise alimentaire qui produit et commercialise une large gamme de produits alimentaires, notamment des snacks, des boissons, des produits laitiers et des desserts. La société a été fondée en 1936 et est présente dans plus de 20 pays à travers le monde.

- Bank Leumi est l'une des plus grandes banques d'Israël. Fondée en 1902 et est aujourd'hui présente dans plus de 20 pays à travers le monde.

Performance boursière récente de ces entreprises

En janvier 2023, le cours de l'action Check Point est d'environ 130,95 USD, en hausse d'environ 17 % par rapport à l'année précédente.

En revanche, depuis 5 ans, le cours de l'action Teva est en baisse de près de 45 %...

Chapitre 19 :

Arabie Saoudite

1. Économie

L'économie de l'Arabie Saoudite est principalement basée sur le pétrole, qui représente environ 42 % du PIB du pays et plus de 90 % des recettes d'exportation. Le pays possède d'importantes réserves pétrolières et est le plus grand exportateur de pétrole au monde. Cependant, l'Arabie Saoudite s'est engagée à diversifier son économie et à réduire sa dépendance vis-à-vis du pétrole.

Pour atteindre cet objectif, le gouvernement saoudien a lancé le plan Vision 2030 en 2016, qui vise à développer les secteurs non-pétroliers tels que le tourisme, la logistique, les technologies de l'information, les énergies renouvelables, l'agriculture et l'industrie. Le pays investit également massivement dans les infrastructures, les projets d'énergie renouvelable et les nouvelles technologies pour soutenir la croissance économique.

Malgré la pandémie de COVID-19 qui a affecté l'économie mondiale, l'Arabie Saoudite a réussi à maintenir une croissance économique positive en 2020, avec une croissance du PIB de 2,3 % !

2. Le Tadawul All Share Index

La plus grande bourse du monde arabe !

Le marché boursier d'Arabie Saoudite est connu sous le nom de Tadawul. C'est la plus grande bourse du monde arabe en termes de capitalisation boursière.

Le marché est relativement stable et peu volatile en raison de la forte influence du gouvernement saoudien sur l'économie et le marché boursier.

L'indice boursier le plus représentatif du marché de l'Arabie Saoudite est le Tadawul All Share Index (TASI), qui comprend toutes 180 actions cotées à la bourse de Ryad.

Tadawul est divisé en plusieurs secteurs, notamment les services financiers, l'industrie, le commerce, les télécommunications et les technologies de l'information, l'immobilier et l'agriculture. Les principales sociétés cotées au Tadawul sont des entreprises pétrolières et gazières, des banques et des sociétés de construction. La liquidité du marché a également augmenté ces dernières années, notamment grâce à l'ouverture du marché aux investisseurs étrangers en 2015 !

Évolution du Tadawul All Share Index

Voici l'évolution de l'indice TASI au cours des 5 dernières années :

On peut constater une tendance à la hausse de l'indice au fil des ans, avec une forte augmentation en 2021 et 2022.

Cela s'explique notamment par l'augmentation des prix du pétrole, qui est une importante source de revenus pour l'économie saoudienne. Cependant, l'indice a connu des fluctuations et des corrections à court terme en raison de divers facteurs économiques et politiques.

3. Investir en Arabie Saoudite

Les opportunités

L'Arabie Saoudite dispose de plusieurs opportunités de croissance économique et de développement de son marché boursier.

Tout d'abord, le pays cherche à diversifier son économie et à sortir de sa dépendance au pétrole en investissant massivement dans les secteurs non-pétroliers tels que la technologie, l'industrie, l'agriculture et le tourisme. Cette stratégie est notamment reflétée dans la stratégie de développement Vision 2030, lancée en 2016.

La 2e capitalisation au monde !

Ce titre revient à la société saoudienne Aramco, spécialisée dans la production et dans la distribution de pétrole !

L'entreprise détient une position importante dans le secteur pétrolier et gazier, ce qui lui donne un avantage concurrentiel certain.

De plus, l'entreprise est également engagée dans une stratégie de diversification de ses activités en investissant dans des projets de développement d'énergie renouvelable et en cherchant à élargir sa présence dans les secteurs de la pétrochimie et des produits chimiques. Cela devrait contribuer à assurer la croissance future de l'entreprise et à la rendre plus résiliente face aux fluctuations des prix du pétrole.

Enfin, l'Arabie Saoudite dispose également d'un marché intérieur important, avec une population jeune et en croissance, ce qui offre des opportunités pour les entreprises locales et internationales dans de nombreux secteurs.

Les avantages

- Ressources naturelles : l'Arabie Saoudite est un pays riche en ressources naturelles, notamment en pétrole, ce qui donne aux entreprises du pays un avantage concurrentiel dans le secteur de l'énergie.

- Emplacement stratégique : l'Arabie Saoudite est située au centre de la région du Golfe, ce qui en fait un point de transit majeur pour le commerce et les échanges dans la région.

- Investissements gouvernementaux : le gouvernement saoudien investit massivement dans l'infrastructure et dans des projets de développement économique, offrant ainsi des opportunités pour les entreprises.

- Secteur des services financiers : l'Arabie Saoudite dispose d'un secteur des services financiers bien développé, avec de nombreuses banques et institutions financières internationales opérant dans plusieurs pays !

- Main-d'œuvre qualifiée : l'Arabie Saoudite dispose d'une main-d'œuvre qualifiée dans les secteurs de l'ingénierie, de la technologie, de la santé et de l'éducation, offrant un avantage concurrentiel pour les entreprises opérant dans ces secteurs.

- Stabilité politique et réglementaire : le gouvernement saoudien offre un environnement politique et réglementaire stable pour les entreprises, ce qui contribue à renforcer la confiance des investisseurs.

- Marché intérieur : l'Arabie Saoudite possède un marché intérieur important et en croissance, offrant des opportunités pour les entreprises locales et étrangères de développer leurs activités et d'élargir leur base de clients.

- Partenariats internationaux : l'Arabie Saoudite a établi de solides partenariats avec des entreprises internationales dans divers secteurs, offrant des opportunités de collaboration et d'expansion pour les entreprises locales.

- Innovation technologique : l'Arabie Saoudite investit dans la recherche et le développement technologique, offrant ainsi des opportunités pour les entreprises de développer et de commercialiser de nouvelles technologies.

- Diversification économique : l'Arabie Saoudite est en train de diversifier son économie en dehors du secteur pétrolier, offrant ainsi de nouvelles opportunités pour les entreprises opérant dans d'autres secteurs. Les dirigeants du pays ont compris l'importance de sortir du pétrole et de diversifier l'économie. En tant qu'investisseur en bourse, on a donc plein d'opportunités à saisir !

4. Les risques

Les risques politiques, économiques et géopolitiques associés au pays

L'Arabie Saoudite est un pays qui fait face à des risques politiques et géopolitiques importants. Les tensions politiques dans la région, les risques terroristes et les conflits armés peuvent affecter l'économie saoudienne et le marché boursier.

De plus, la dépendance de l'Arabie Saoudite au pétrole rend son économie vulnérable aux fluctuations des prix du pétrole, même si le gouvernement met tout en place pour diversifier l'économie du pays !

Les risques de change

L'Arabie Saoudite utilise le riyal saoudien comme monnaie nationale, et les investisseurs étrangers doivent convertir leur devise en riyals pour investir sur le marché boursier saoudien. Prenez garde aux fluctuations des taux de change !

Les risques liés à la volatilité

Le marché boursier saoudien est volatile, car les fluctuations des prix du pétrole affectent le marché boursier saoudien.

5. Entreprises internationales

Présentation d'entreprises internationales ayant leur siège social dans ce pays

- Saudi Aramco est la plus grande entreprise de pétrole et de gaz au monde ! Elle est également la 2e plus grande entreprise au monde en termes de capitalisation boursière !

- SABIC : Saudi Basic Industries Corporation (SABIC) est une entreprise saoudienne spécialisée dans la production de produits chimiques, de plastiques, d'engrais et de métaux.

- National Commercial Bank : plus grande banque en Arabie Saoudite en termes d'actifs et de capitalisation boursière, elle offre une gamme de services bancaires complets.

- Saudi Telecom Company : plus grande entreprise de télécommunications en Arabie Saoudite, elle fournit des services de téléphonie mobile, de téléphonie fixe, de services Internet et de données.

- Al Rajhi Bank : C'est la plus grande banque islamique en Arabie Saoudite, spécialisée dans les services bancaires conformes à la charia.

- Saudi Arabian Mining Company est l'un des plus grands producteurs de métaux précieux au monde. Active dans les secteurs de l'exploitation minière, de la transformation des métaux et de la production de fertilisants.

- Saudi Electricity Company est la plus grande entreprise de production et de distribution d'électricité en Arabie Saoudite. Elle fournit de l'électricité aux particuliers, aux entreprises et aux industries à travers le pays.

Performance boursière récente de ces entreprises

Entre janvier et juin 2021, SABIC a enregistré une performance boursière positive avec une augmentation de 24 % de sa valeur au cours de l'année.

Entre mars 2018 et mars 2023, National Commercial Bank (NCB) a enregistré une augmentation de 6 %.

En revanche, Saudi Arabian Mining Company (Ma'aden) a connu une croissance de 144 % sur la même période !

Chapitre 20 :

Australie

1. Économie

L'économie de l'Australie est l'une des plus importantes de la région Asie-Pacifique et du monde.

Elle est classée comme une économie de marché développée et diversifiée, avec un PIB nominal de 1 400 milliards de dollars US en 2021, ce qui la place au 13e rang mondial !

Le pays est très riche en ressources naturelles, en particulier en minerais tels que le minerai de fer, le charbon, l'or, le gaz naturel et le pétrole. L'industrie minière est donc l'un des secteurs les plus importants de l'économie australienne, avec une forte demande de la part de la Chine, qui est le plus grand partenaire commercial de l'Australie.

Le secteur agricole est également important pour l'économie, avec des exportations de produits tels que la viande bovine, les céréales, les fruits et les légumes.

L'Australie fait partie des "Superpuissances minières" (ou "Mining Superpowers" en anglais), qui désignent les pays ayant les plus grandes réserves de minerais au monde :

1. *Russie*
2. *États-Unis*
3. *Chine*
4. *Australie*
5. *Canada*
6. *Brésil*
7. *Inde*
8. *Afrique du Sud*
9. *Mexique*
10. *Pérou*

Voici un classement qui prouve la puissance de l'Australie en termes de ressources naturelles.

- L'Australie est le premier producteur de minerai de fer au monde, avec une production annuelle de plus de 800 millions de tonnes !

- L'Australie est également l'un des principaux producteurs de charbon au monde, avec une production annuelle de plus de 500 millions de tonnes.

- L'Australie possède d'importantes réserves de gaz naturel, ce qui en fait l'un des principaux producteurs et exportateurs de gaz naturel liquéfié (GNL) au monde.

- Or : 2e producteur.

- Uranium : 3e producteur au monde.

- Diamants : 3e producteur au monde.

- Nickel : 5e producteur.

- Cuivre : 7e producteur.

- Zinc : 9e producteur.

Le secteur des services est également un pilier important de l'économie australienne, représentant environ 70 % du PIB du pays.

Le tourisme est aussi une source importante de revenus pour le pays, avec des millions de visiteurs chaque année venant visiter les attractions naturelles, les villes cosmopolites et les sites historiques de l'Australie.

Le secteur des technologies de l'information et de la communication est également en plein essor, avec des entreprises australiennes développant des logiciels, des jeux vidéo, des applications mobiles et d'autres produits liés à la technologie.

Le gouvernement australien encourage également l'innovation et l'esprit d'entreprise, avec des programmes de soutien pour les start-ups et les petites entreprises. Les universités australiennes sont également reconnues pour leur recherche et leur développement, en particulier dans les domaines de la biotechnologie, des sciences de l'environnement et de la médecine.

2. L'ASX 200

L'un des plus importants marchés boursiers d'Asie-Pacifique

Avec une capitalisation boursière d'environ 2 billions de dollars australiens (AUD) en 2021, la Bourse australienne de Sydney est la principale bourse d'échanges en Australie, avec plus de 2 000 sociétés cotées !

L'indice boursier le plus représentatif du marché australien est l'ASX 200, qui suit les performances des 200 plus grandes entreprises cotées en Australie.

Il comprend des entreprises des secteurs de la finance, des ressources naturelles, des produits de base, de la technologie, des soins de santé, des biens de consommation et de l'immobilier.

Évolution de l'ASX 200

Au cours des dernières années, l'ASX 200 a connu une performance globalement positive, mais avec quelques fluctuations importantes. En 2020, l'indice a subi une chute de plus de 35 % en raison de la pandémie de COVID-19 et des mesures de confinement qui ont affecté l'économie australienne.

Cependant, l'ASX s'est rapidement redressé et a récupéré la plupart de ses pertes avant la fin de l'année. En 2021, l'ASX 200 a continué de croître, atteignant un niveau record en novembre, porté par une reprise économique vigoureuse et une augmentation des investissements dans les secteurs des ressources naturelles et de la finance.

Toutefois, il a été confronté à une légère correction en fin d'année en raison de l'inflation et des préoccupations concernant les taux d'intérêt.

3. Investir en Australie

Les opportunités

Industries minières

Comme mentionné précédemment, l'Australie est riche en ressources naturelles, ce qui a conduit à une croissance importante de l'industrie minière.

Le développement de nouvelles technologies pour l'extraction de ces ressources, ainsi que les investissements dans l'exploration de nouveaux sites miniers, devraient offrir des opportunités de croissance pour les entreprises de ce secteur !

Énergies renouvelables

L'Australie a un potentiel important en matière d'énergies renouvelables, notamment l'énergie solaire et éolienne.

Les gouvernements australiens ont adopté des politiques visant à promouvoir ces sources d'énergie alternatives, ce qui devrait conduire à une croissance importante de ce secteur et à de nouvelles opportunités d'investissement.

Technologies de l'information et de la communication (TIC)

Le secteur des TIC est en croissance constante en Australie, soutenu par la demande croissante pour les technologies de pointe dans les entreprises, les ménages et le gouvernement. L'Australie est également un marché clé pour les entreprises internationales de TIC, offrant des opportunités de partenariats et de collaborations stratégiques.

Santé

L'Australie est un important centre pour la recherche dans le domaine de la santé, avec des institutions de recherche de classe mondiale.

Le vieillissement de la population australienne et la demande croissante pour les services de santé devraient stimuler la croissance de ce secteur et offrir des opportunités d'investissement.

Les avantages

Accès à des ressources naturelles abondantes : l'Australie est riche en ressources naturelles : minerai de fer, charbon, gaz naturel, pétrole, or, etc... C'est un avantage compétitif pour les entreprises australiennes !

Proximité géographique de l'Asie : l'Australie est proche de l'Asie, qui est une région en pleine croissance qui offre des opportunités d'exportation pour les entreprises australiennes.

D'ailleurs, ses 3 premiers clients sont le Japon, la Corée du Sud et l'Inde !

Main-d'œuvre qualifiée : le pays dispose d'une main-d'œuvre hautement qualifiée dans des domaines tels que la science, la technologie et l'ingénierie, ce qui offre un avantage concurrentiel aux entreprises qui ont besoin de ces précieuses compétences.

Environnement favorable aux entreprises : l'Australie dispose d'un environnement favorable aux entreprises, avec des politiques gouvernementales favorables aux entreprises et un système judiciaire transparent et efficace.

De plus, l'Australie a l'un des taux d'imposition des sociétés les plus bas parmi les pays du G20 !

Innovation : les entreprises australiennes sont reconnues pour leur innovation dans les technologies propres, les sciences de la vie et les technologies de l'information.

Stabilité économique et politique : l'Australie a une économie et une politique stables, avec une gouvernance solide, ce qui offre un environnement optimal pour les entreprises.

Selon l'indice de perception de la corruption de Transparency International 2021, l'Australie est classée 11e pays le moins corrompu au monde.

Les infrastructures : les gouvernements australiens ont récemment lancé des plans d'investissement ambitieux pour le développement des infrastructures, notamment dans les domaines des transports, de l'énergie et des communications. Ces plans devraient créer de nouvelles opportunités pour les entreprises opérant dans ce secteur et soutenir la croissance économique à long terme.

Attractif pour les IDE : en 2020, l'Australie était classée 4e pays le plus attractif au monde pour les investissements étrangers directs (IDE) !

4. Les risques

Les risques politiques, économiques et géopolitiques associés à l'Australie

Bien que l'Australie soit considérée comme un pays politiquement stable, certains risques subsistent. Par exemple, les relations diplomatiques avec la Chine, son plus grand partenaire commercial, ont été tendues ces dernières années.

La dépendance de l'Australie à l'égard des matières premières, comme le charbon et le minerai de fer, rend l'économie vulnérable aux fluctuations du prix de ces matières.

Les risques de change

La valeur du dollar australien (AUD) est influencée par les événements économiques mondiaux tels que les variations des taux d'intérêt, les changements des prix des matières premières et les fluctuations des taux de change des autres devises.

Les risques liés à la volatilité

Le marché boursier australien a connu une certaine volatilité ces dernières années, avec des fluctuations importantes de l'indice ASX 200.

Les facteurs qui influencent la volatilité incluent les événements économiques mondiaux, les décisions de politique monétaire de la Banque centrale australienne, ainsi que les fluctuations des prix des matières premières.

Vous devez prendre conscience de ses risques avant d'investir dans des actifs financiers australiens.

5. Entreprises internationales

Minerais

- BHP Group est une entreprise minière multinationale qui opère dans 90 pays et est l'une des plus grandes sociétés minières au monde en termes de capitalisation boursière !

- Rio Tinto est une entreprise minière qui opère dans 36 pays et est spécialisée dans l'exploration, l'extraction et le traitement des minéraux, notamment l'aluminium, le cuivre, le diamant, l'or et le minerai de fer.

Santé

- CSL Limited est une entreprise pharmaceutique spécialisée dans la recherche, le développement, la fabrication et la commercialisation de produits biologiques pour le traitement des maladies rares et graves.

- Cochlear Limited est spécialisée dans les implants cochléaires, qui sont des dispositifs médicaux électroniques qui restaurent partiellement l'audition chez les personnes sourdes ou gravement malentendantes.

Immobilier

- Goodman Group est spécialisée dans la gestion et le développement de centres de distribution, de parcs logistiques et d'espaces de bureaux dans le monde entier.

- Mirvac est un groupe immobilier diversifié qui développe et gère une gamme de biens immobiliers, notamment des bureaux, des centres commerciaux, des immeubles résidentiels, des hôtels et des terrains industriels.

Technologie

- Atlassian Corporation Plc : une entreprise de logiciels qui fournit des logiciels en ligne, comme Jira, Confluence et Trello. C'est grâce à Trello que j'ai pu m'organiser pour l'écriture de ce livre !

- Afterpay Limited est une entreprise de technologie financière qui révolutionne notre manière de consommer, en permettant de payer nos achats en plusieurs fois !

Performance boursière récente de ces entreprises

L'entreprise Rio Tinto a plutôt bien performé car elle a réalisé une augmentation d'environ 55 % entre mars 2018 et février 2023 !

Toutefois, certaines entreprises ont subi des baisses assez conséquentes comme par exemple Atlassian Corporation Plc qui a vu son action baissée de 25 % entre février 2022 et janvier 2023 !

Chapitre 21 :

Nouvelle-Zélande

1. Économie

La Nouvelle-Zélande est une économie développée et dynamique qui a connu une croissance économique solide au cours des dernières années, avec un taux de croissance moyen annuel de 2,6 % au cours de la dernière décennie. Ses principaux secteurs d'activité sont l'agriculture, la pêche, le tourisme, la technologie, l'industrie manufacturière et les services financiers.

En outre, le pays a une main-d'œuvre hautement qualifiée et éduquée, une réglementation favorable aux entreprises et un environnement politique et économique stable.

En termes de marché boursier, la Nouvelle-Zélande dispose d'un marché relativement petit mais liquide. Bien que la volatilité puisse être plus élevée que dans certains autres marchés développés, le marché boursier néo-zélandais a connu une croissance constante au cours des dernières années, offrant des opportunités d'investissement attractives. Avec ses perspectives économiques solides et son environnement favorable aux entreprises, la Nouvelle-Zélande est un pays intéressant pour les investisseurs à la recherche d'opportunités de croissance à long terme.

2. Le NZX 50

Présentation de l'indice boursier

Le NZX 50 représente les 50 plus grandes entreprises cotées en bourse.

La Nouvelle-Zélande a un marché boursier relativement petit par rapport à d'autres marchés développés, avec une capitalisation boursière totale d'environ 132 milliards de dollars US.

Cependant, cet indice est réputé pour sa bonne liquidité et sa faible volatilité, comme vous pouvez le voir ci-dessous.

Évolution du NZX 50

Au cours des dernières années, le NZX 50 a connu une croissance constante. Entre février 2016 et février 2021, l'indice a augmenté de plus de 70 %. Cela donne quand même 14 % par an, ce qui est plutôt élevé pour un petit pays comme la Nouvelle-Zélande !

Cette croissance s'explique en partie par la solide performance de l'économie néo-zélandaise, ainsi que par la croissance continue des entreprises du pays dans divers secteurs d'activité tels que les services financiers, l'agriculture et le tourisme.

3. Investir en Nouvelle-Zélande

Les opportunités

Le pays dispose d'une économie diversifiée et en croissance, soutenue par des secteurs clés tels que l'agriculture, le tourisme, l'industrie manufacturière, les services financiers et les technologies de l'information. De plus, le gouvernement néo-zélandais encourage l'investissement, l'innovation et la recherche, créant ainsi un environnement favorable pour les entreprises.

Enfin, la Nouvelle-Zélande a une position géographique stratégique pour le commerce et les investissements en Asie-Pacifique.

Toutes ces caractéristiques font de la Nouvelle-Zélande un marché boursier attractif pour les investisseurs qui cherchent à diversifier leur portefeuille tout en profitant de la croissance intéressante de ce pays.

Les avantages

Un des meilleurs systèmes éducatifs au monde

La Nouvelle-Zélande bénéficie d'une population hautement qualifiée, avec un taux d'alphabétisation de 99 % et une forte présence de diplômés universitaires. Le pays investit également dans la recherche et le développement, offrant ainsi aux entreprises un accès à des compétences et connaissances de pointe pour développer des produits innovants.

Qualité, sécurité et traçabilité

Les produits alimentaires néo-zélandais sont reconnus pour leur sécurité, leur traçabilité et leur qualité.

Des liens étroits avec la zone Asie-Pacifique

Même si la Nouvelle-Zélande est moins proche géographiquement de l'Asie que l'Australie, le pays a pour principaux partenaires commerciaux la Chine, l'Australie et le Japon.

Un environnement favorable à l'innovation

Le pays dispose d'un environnement propice aux entreprises, avec des réglementations souples et une procédure de création d'entreprise simple.

Des entreprises telles que Xero, spécialisée dans la comptabilité en ligne, ou Rocket Lab, qui développe des technologies de lancement de satellites en ont largement profité, pour montrer leur talents au monde entier.

Une offre touristique diversifiée

Avec des paysages naturels spectaculaires, tels que les fjords, les forets, les plages de sable blanc, la Nouvelle-Zélande attire des millions de touristes chaque année.

Des ressources naturelles abondantes

La production d'énergie renouvelable, que ce soit l'énergie éolienne, l'énergie solaire ou encore la géothermie, est favorisée. Le gouvernement favorise les énergies renouvelables, ce qui stimule le développement d'entreprises telles que Meridian Energy, leader de l'énergie éolienne.

4. Les risques

Les risques politiques, économiques et géopolitiques

La Nouvelle-Zélande peut être exposée à des chocs économiques liés à la conjoncture économique mondiale et à des événements politiques, tels que des tensions commerciales ou des changements de réglementation.

Il convient de souligner que la Nouvelle-Zélande est considérée comme l'un des pays les plus sûrs au monde. Selon l'indice de la paix mondiale de l'Institute for Economics and Peace, elle se classe au 9e rang mondial en 2021. De plus, Transparency International a classé la Nouvelle-Zélande comme le 2e pays le moins corrompu au monde en 2020 !

En termes de qualité de vie, la Nouvelle-Zélande est très bien classée. Elle figure en 9e position dans l'Indice de développement humain du Programme des Nations Unies pour le Développement en 2020, avec un revenu national brut par habitant de 42 084 $ USD en 2021, ce qui en fait l'un des pays les plus riches de la région Asie-Pacifique...

Ces indicateurs témoignent de la stabilité économique et politique du pays, ce qui contribue à réduire les risques liés à l'investissement dans le marché boursier néo-zélandais.

Les risques de change

La fluctuation des taux de change peut impacter les résultats financiers des entreprises exportatrices néo-zélandaises, ainsi que les investisseurs étrangers ayant investi sur le marché boursier néo-zélandais.

Les risques liés à la volatilité

Comme pour tous les marchés boursiers, le marché néo-zélandais est soumis à des fluctuations importantes liées aux mouvements de l'économie mondiale et aux changements de politiques économiques et monétaires.

→ Cependant, le marché néo-zélandais reste l'un des marchés les moins volatiles !

5. Entreprises internationales

Présentation d'entreprises internationales ayant leur siège social dans ce pays

Agroalimentaire : Fonterra Co-operative Group Limited est la plus grande entreprise laitière au monde ! Elle fournit des produits laitiers dans plus de 140 pays.

Technologies de l'information et de la communication : Xero Limited est une entreprise de logiciels comptables en ligne qui aide les petites entreprises à gérer leur comptabilité et leur facturation de manière efficace.

Santé : Fisher & Paykel Healthcare Corporation Limited est une entreprise de dispositifs médicaux qui produit des équipements respiratoires et des dispositifs de ventilation pour les patients dans le monde entier.

Énergie : Contact Energy Limited est une entreprise de production et de distribution d'électricité, qui fournit de l'énergie renouvelable à plus de 500 000 clients en Nouvelle-Zélande.

Services financiers : The Co-operative Bank Limited est une banque coopérative qui offre une gamme complète de services financiers, notamment des prêts, des comptes d'épargne et des cartes de crédit.

Performance boursière récente de ces entreprises

L'action Fisher & Paykel Healthcare a augmenté de 92 % entre mars 2018 à mars 2023 !

Depuis 5 ans, le cours de l'action Fonterra a baissé de 56%...

De toutes les entreprises que j'ai pu analyser, c'est Xero qui m'a le plus bluffé ! De mars 2018 à mars 2023, le cours de l'action a augmenté d'environ 147% !

Votre avis compte vraiment !

Je serais honoré de voir votre avis sincère.

Vous aidez à améliorer ce livre pour les futurs lecteurs.

Dites-nous ce que vous avez aimé et ce qui pourrait être amélioré.

Merci d'avance pour votre contribution !

Partie 3 :

Les BRICS, ces puissances qui transforment le monde !

Chapitre 22 :

Les BRICS, qu'est-ce que c'est ?

1. Une vision has been

Lorsqu'on parle des BRICS, à part peut-être pour la Chine, la plupart des investisseurs ont souvent une vision arriérée de ces pays.

Ils pensent que ces pays sont encore à l'âge de pierre et que les difficultés auxquelles ils font face, les empêchent de devenir des puissances qui peuvent égaler les États-Unis ou l'Union européenne. Cependant, force est de constater que ces investisseurs ont tort !

Il suffit de voir la puissance de ces pays-là pour comprendre qu'à l'avenir, même les États-Unis ont de quoi avoir peur.

La preuve : leur guerre commerciale contre la Chine est un signe qui prouve que les États-Unis prennent ce pays et les BRICS en général, au sérieux.

Croyez-moi quand je vous dis que ce sont de véritables puissances, car l'Oncle Sam n'est pas du genre à prendre “les menaces sérieuses” à la légère !

2. Des chiffres qui font tourner la tête

Les BRICS est un acronyme pour Brésil, Russie, Inde, Chine et Afrique du Sud.

Les chiffres ont de quoi faire tourner la tête :

- Une population combinée de plus de 3 milliards d'habitants !
- La superficie totale des BRICS est d'environ 39,9 millions de km², ce qui représente environ 27,5 % de la surface terrestre !
- Un PIB combiné de plus de 24 713 milliards de dollars US !
- Les BRICS représentent plus de 50 % de la croissance économique mondiale !
- Un taux de croissance annuel moyen combiné de plus de 5 % ces dernières années...

Comme si cela ne suffisait pas, l'intégralité des pays des BRICS font partie des "Superpuissances minières" qui désignent les pays ayant les plus grandes réserves de minerais au monde !

3. Des marchés intéressants pour les investisseurs

En raison de leur taille, de leur population et de leurs ressources naturelles, les BRICS ont un potentiel de croissance économique important et sont donc des marchés clés pour les investisseurs en quête de croissance à long terme.

Toutefois, chaque pays présente également des risques spécifiques liés à son économie, sa politique et son marché boursier, qui doivent être pris en compte.

Qu'est-ce qui rend ces pays si intéressants pour les investisseurs ?

Chapitre 23 :

Brésil

---

1. Économie

Les forces du Brésil

Avec un PIB de plus de 1 609 milliards de dollars US, le Brésil est la 9e plus grande économie au monde !

Le pays a connu une croissance économique importante au cours des dernières décennies, en grande partie grâce à ses industries manufacturières et agricoles. Les secteurs clés de l'économie brésilienne comprennent également les services financiers, les télécommunications et les technologies de l'information. Le Brésil est un pays riche en ressources naturelles, notamment en pétrole, en minerai de fer et en bois, ce qui en fait un marché attrayant pour les investisseurs étrangers.

Cependant, le pays est également confronté à des défis socio-économiques tels que l'inflation, le chômage élevé, la criminalité ce qui nécessite une surveillance attentive de la part des investisseurs.

Ressources naturelles

- Café : 1er producteur et exportateur mondial
- Sucre : 1er producteur mondial
- Jus d'orange : 1er exportateur mondial
- Soja : 2e producteur mondial
- Viande bovine : 2e producteur mondial
- Minerai de fer : 2e producteur mondial
- Pâte de bois : 2e producteur mondial
- Poulet : 2e producteur mondial
- Tabac : 2e exportateur mondial
- Bois : 4e exportateur mondial
- Pétrole : 9e producteur mondial
- Or : 10e producteur mondial

Produits industriels

- Cellulose : 1er producteur mondial de cellulose
- Énergie hydroélectrique : 2e producteur mondial d'énergie hydroélectrique
- Biocarburants : 2e producteur mondial de biocarburants
- Alumine : 3e producteur mondial d'alumine
- Avions : 4e producteur mondial d'avions commerciaux
- Voitures : 9e producteur mondial de voitures
- Acier : 10e producteur mondial d'acier

2. L'IBOV

Le plus grand marché d'Amérique latine !

C'est aussi l'un des plus importants au monde, avec une capitalisation boursière de plus de 1 100 Milliards de dollars US en 2021 !

L'indice boursier le plus représentatif du marché brésilien est l'indice Bovespa, également appelé IBO5. Il regroupe les actions des plus grandes entreprises brésiliennes cotées à la B3 (anciennement la BM&F Bovespa), la principale bourse du pays.

Évolution de l'IBOV

Au cours des dernières années, l'indice a été marqué par des hauts et des bas. L'indice a subi une forte baisse en raison de la crise financière mondiale de 2008, tombant en dessous des 37 000 points en octobre 2008.

Cependant, la pandémie de COVID-19 a eu un impact important sur l'indice, entraînant une baisse de plus de 40 % en mars 2020.

Depuis, l'IBOV a récupéré une grande partie de ses pertes. Il a atteint son plus haut niveau historique en juin 2021, à plus de 130 000 points !

3. Investir au Brésil

Les opportunités

Le marché boursier brésilien présente plusieurs opportunités pour les investisseurs.

Tout d'abord, le Brésil est un pays émergent avec un marché boursier relativement jeune, offrant ainsi un potentiel de croissance important. De plus, le pays dispose de ressources naturelles abondantes, notamment dans le secteur agricole et minier, qui ont été les moteurs de la croissance économique ces dernières années.

Le Brésil est également le leader régional en matière de technologie de l'information et des communications, avec un secteur en croissance rapide qui attire de nombreux investissements. Enfin, le pays bénéficie d'une main-d'œuvre qualifiée et d'une classe moyenne en pleine expansion, offrant ainsi des perspectives de croissance pour les entreprises de biens de consommation.

Le gouvernement brésilien a également mis en place des politiques pour stimuler le marché boursier, notamment en encourageant la participation des investisseurs étrangers.

Les avantages

- Ressources naturelles abondantes : riche en ressources naturelles, les entreprises brésiliennes ont un avantage compétitif dans ces secteurs.

- Taille du marché intérieur : le Brésil a une population de plus de 214 millions d'habitants, ce qui en fait le 6e pays le plus peuplé au monde ! Cette grande population offre des opportunités considérables aux entreprises brésiliennes pour se développer sur le marché intérieur.

- Main-d'œuvre qualifiée : le Brésil possède une main-d'œuvre qualifiée dans des domaines tels que l'ingénierie, la technologie, l'agriculture et l'industrie manufacturière.

- Coûts compétitifs : le Brésil est connu pour avoir des coûts de production compétitifs dans de nombreux secteurs, notamment l'agriculture, la production de produits chimiques, la production d'énergie et la production manufacturière.

- Culture entrepreneuriale : les Brésiliens ont une forte culture entrepreneuriale, ce qui donne un avantage compétitif aux entreprises brésiliennes qui cherchent à se développer et à innover.

- Écosystème favorable aux start-ups : le pays dispose d'un écosystème dynamique pour les start-ups et les entrepreneurs. Les entreprises brésiliennes bénéficient d'infrastructures et de financements pour se développer et innover.

4. Les risques

Les risques politiques, économiques et géopolitiques

Le Brésil a connu une instabilité politique ces dernières années, notamment avec la destitution de la présidente Dilma Rousseff en 2016 et les scandales de corruption impliquant des hommes politiques de haut rang. Ces événements ont eu un impact sur les politiques économiques, qui affectent à leur tour, les investissements dans le pays.

Le Brésil a connu une récession économique entre 2015 et 2016, qui a entraîné une augmentation du taux de chômage et une baisse de la croissance économique. Bien que le pays ait connu une bonne reprise depuis, les investisseurs doivent tenir compte de la possibilité d'une récession future ou d'une instabilité économique.

Les risques de change

Le réal brésilien est la monnaie utilisée au Brésil, et les investisseurs qui investissent dans le marché boursier brésilien doivent tenir compte des fluctuations de change entre le réal brésilien et leur monnaie d'origine.

Les risques liés à la volatilité

Le marché boursier brésilien est volatile, avec des fluctuations importantes des prix des actions en réponse aux événements économiques et politiques. Comme dans tous les marchés, vous devez être conscient de la volatilité et de son impact sur vos investissements. Rappelez-vous qu'aucun marché n'était épargné par la volatilité, pas même les États-Unis !

5. Entreprises internationales

Entreprises du pays et secteurs d'activité représentés par ces entreprises

Pour vous illustrer la puissance de certaines entreprises brésiliennes dans le monde, j'ai regroupé pour vous un classement de ces entreprises ainsi que leurs rangs mondiaux dans leurs secteurs respectifs :

- JBS : 1er producteur de viande bovine et de volaille au monde
- BRF : 1er exportateur de poulet au monde
- Vale : 2e entreprise minière au monde
- Embraer : 3e plus grand constructeur d'avions commerciaux au monde
- Ambev : 4e plus grand producteur de bière au monde
- Petrobras : 9e entreprise pétrolière et gazière au monde
- Natura : 9e plus grande entreprise de cosmétiques au monde

- Itaú Unibanco : 10e plus grande banque du monde en termes de capitalisation boursière
- Banco Bradesco : 13e plus grande banque au monde en termes de capitalisation boursière

Performance boursière récente de certaines de ces entreprises

Entre mars 2020 et janvier 2022, l'action de Petrobras a pris 160 % !

Entre mars 2020 et janvier 2023, l'action de l'entreprise brésilienne Vale a pris 142 %, soit un rendement annuel d'environ 47 % par an !

À l'inverse, l'action de Banco do Brasil est en perte depuis 3 ans avec une chute d'environ 3,5 %.

Chapitre 24 :

Russie

1. Économie

Une économie centrée sur les ressources naturelles

En 2021, le produit intérieur brut (PIB) de la Russie s'élevait à environ 1 779 milliards de dollars US. Les secteurs clés de l'économie comprennent l'industrie pétrolière et gazière, l'industrie minière, l'agriculture, l'industrie de la défense et l'industrie de la construction navale.

Cependant, la croissance économique russe a été affectée par des facteurs tels que les sanctions économiques imposées par l'Occident et les État-Unis en réponse à l'annexion de la Crimée en 2014, la pandémie de COVID-19, la baisse des prix des matières premières en 2020 et la guerre russo-ukrainienne de 2022.

Important

À l'heure où j'écris ce livre, il n'est plus possible pour un investisseur européen, américain ou canadien d'acheter des actions ou des ETF russes.

En effet, les sanctions économiques liées à l'invasion russe de début 2022 interdisent aux courtiers les achats et les ventes de produits financiers en lien ou provenant d'entreprises russes.

La Russie est une économie intéressante et certaines de ses entreprises comme Gazprom, sont tout à fait intéressantes à détenir dans un portefeuille boursier !

Il faudra donc s'armer de patience avant de pouvoir investir à nouveau dans ce marché.

Un pays vraiment riche en ressources naturelles !

Rappelez-vous ce que l'on a vu précédemment, la Russie fait partie des pays les mieux dotés de la planète en termes de ressources naturelles.

Ressources naturelles

- Gaz naturel : 1er producteur mondial
- Diamants : 1er producteur mondial
- Pétrole : 2e producteur mondial
- Titane : 2e producteur mondial
- Nickel : 2e producteur mondial
- Acier : 4e producteur mondial
- Blé : 4e producteur mondial

Produits industriels

- Lancements spatiaux : 1er pays au monde en nombre de lancements
- Engrais : 1er producteur mondial
- Énergie nucléaire : 2e puissance nucléaire civile au monde
- Défense : 2e exportateur mondial d'armes
- Aluminium : 2e producteur mondial
- Soufre : 5e producteur mondial
- Caoutchouc synthétique : 6e producteur mondial

2. Le MOEX

En 2021, la capitalisation boursière totale des sociétés russes cotées s'élevait à plus de 600 milliards de dollars US.

Ce marché est connu pour sa volatilité élevée. Cette volatilité est due notamment à la forte dépendance de l'économie russe aux exportations de matières premières. La liquidité du marché est également inférieure à celle d'autres marchés boursiers, tels que les États-Unis ou le Japon, mais elle est correcte.

L'indice boursier le plus représentatif du marché russe est le MOEX Russia Index (anciennement connu sous le nom de

MICEX Index), qui est calculé en temps réel à partir des cours de 50 des plus grandes sociétés cotées à la Bourse de Moscou.

Évolution du MOEX

Au cours des dernières années, le MOEX Russia Index a connu des hauts et des bas. En 2018, l'indice a atteint un pic de 2 861,57 points en janvier, mais il a ensuite chuté pour atteindre son plus bas niveau de 2 167,57 points en décembre de la même année.

En 2019, l'indice a connu une reprise, atteignant un sommet de 2 969,42 points en septembre avant de baisser pour terminer l'année à 2 867,56 points.

En 2020, l'indice a été fortement affecté par la pandémie de COVID-19 et les mesures de confinement associées, atteignant un creux de 1 554,62 points en mars avant de se redresser progressivement pour atteindre un niveau de 3 177,96 points en décembre de la même année. En 2021, l'indice a continué de progresser, atteignant un sommet de 3 784,52 points en novembre.

3. Investir en Russie

Les opportunités

Premièrement, la Russie est un marché émergent avec un potentiel de croissance élevé, en particulier dans les secteurs de l'énergie, des produits chimiques et de la technologie.

Étant l'un des principaux producteurs de pétrole et de gaz naturel au monde, la Russie est en mesure de tirer parti de la demande croissante de ces matières premières.

Le pays possède également une industrie chimique florissante. La Russie est l'un des principaux producteurs d'engrais, de produits pétrochimiques et de plastiques.

En outre, la Russie dispose d'une main-d'œuvre hautement qualifiée dans les secteurs de la technologie et de la recherche.

Le pays est également un leader dans les domaines de l'aérospatiale et de la construction navale, offrant ainsi des perspectives de croissance pour les entreprises de ces secteurs.

Le gouvernement russe a également mis en place des politiques pour stimuler le marché boursier et attirer des investissements étrangers. La mise en place de nouvelles réglementations ont permis d'améliorer la transparence et la liquidité du marché boursier russe.

Avec une population de plus de 146 millions d'habitants en 2022 et avec une classe moyenne en pleine expansion, la Russie offre des perspectives de croissance pour les entreprises de biens de consommation et de services.

Les avantages compétitifs des entreprises de ce pays

Les entreprises russes sont compétitives dans de nombreux domaines grâce à une combinaison unique de ressources naturelles, de savoir-faire technologique et de main-d'œuvre hautement qualifiée. Voici quelques exemples :

- **Énergie :** la Russie possède de vastes réserves de pétrole, de gaz et de charbon, ce qui en fait l'un des principaux producteurs et exportateurs d'énergie au monde !

- **Métaux :** la Russie dispose des gigantesques gisements de métaux ; nickel, cuivre, aluminium, platine, or, diamants, etc. Les entreprises russes bénéficient d'un avantage compétitif en termes de coûts de production et de qualité des produits. N'oubliez pas que le pays fait partie des super-puissances minières !

- **Chimie :** la Russie est l'un des plus grands producteurs de produits chimiques au monde, notamment d'engrais, de produits pétrochimiques et de plastiques.

- **Technologie :** héritage de l'ère soviétique, la Russie dispose d'une main-d'œuvre hautement qualifiée dans les domaines de la science, de l'ingénierie et de la technologie !

- **Aérospatial :** la Russie possède une longue tradition dans le domaine de la recherche spatiale et est l'un des principaux acteurs du marché des lancements spatiaux.

Il ne faut pas oublier que c'est le premier pays à avoir lancé un satellite dans l'espace ! Le 4 octobre 1957, l'Union soviétique lançait Spoutnik 1, le premier satellite artificiel en orbite autour de la Terre.

4. Les risques

Les risques politiques, économiques et géopolitiques associés à la Russie

La guerre avec l'Ukraine en 2022 a eu un impact sur le marché boursier russe. Lorsque les tensions ont augmenté entre la Russie et l'Ukraine, les investisseurs ont commencé à craindre les sanctions économiques et politiques. Malheureusement, les sanctions ne sont pas faites attendre et l'économie russe, ainsi que son marché boursier en ont souffert.

De plus, les sanctions économiques imposées par les États-Unis et l'Union européenne en réponse à l'annexion de la Crimée par la Russie en 2014 ont également eu un impact négatif sur l'économie russe et son marché boursier. Ces sanctions ont notamment restreint l'accès des entreprises russes aux marchés internationaux des capitaux, rendant ainsi plus difficile pour elles de lever des fonds.

Les risques de change

Un autre risque important est celui lié aux fluctuations du taux de change. La volatilité du rouble russe peut rendre difficile la valorisation et la gestion des investissements. Les investisseurs étrangers doivent être prêts à accepter les risques liés à la conversion de leur devise en roubles.

Les risques liés à la volatilité du marché boursier du pays

Le marché boursier russe est souvent caractérisé par une forte volatilité. Les fluctuations des prix sont surtout dues à la dépendance de l'économie russe aux matières premières. On peut dire que c'est le talon d'Achille du marché boursier russe.

5. Entreprises internationales

Quelques-unes des plus grandes entreprises russes

Énergies

- Gazprom : 1er producteur mondial de gaz naturel
- Rosneft : 3e producteur mondial de pétrole
- Lukoil : 6e producteur mondial de pétrole
- Novatek : 7e producteur mondial de gaz naturel liquéfié
- Surgutneftegas : 9e producteur mondial de pétrole

Ces entreprises sont fortes en raison des importantes réserves d'énergie de la Russie, ce qui leur donne une position dominante sur le marché mondial de l'énergie. Elles ont également des relations étroites avec le gouvernement russe, ce qui leur donne un certain avantage en matière de politique énergétique.

Banques

Sberbank est la 33e banque mondiale en termes d'actifs. Elle est la plus grande banque en Russie et son réseau étendu lui donne un avantage concurrentiel sur les autres banques russes. VTB Bank est également une banque importante en Russie et a récemment développé ses activités à l'étranger.

Métallurgie

Norilsk Nickel est 1er producteur mondial de nickel et de palladium, ainsi que le 2e producteur mondial de platine ! Norilsk Nickel est bien positionné pour bénéficier de la croissance de la demande en métaux de qualité.

En effet, ces métaux sont de plus en plus demandés sur le marché et les ressources s'amenuisent de jour en jour.

Télécommunications

MTS est le plus grand opérateur de téléphonie mobile en Russie et possède un vaste réseau de clients. Le marché russe de la téléphonie mobile est relativement mature, mais MTS a récemment étendu ses activités en Asie centrale.

Quand on connaît la croissance économique annuelle des pays comme l'Ouzbékistan (8 %/an !), la Mongolie ou le Kazakhstan, des entreprises comme MTS ont de quoi faire fortune !

Performance boursière récente de ces entreprises

Malheureusement la guerre entre la Russie et l'Ukraine fait que les données concernant les entreprises russes ne sont pas pertinentes, car le marché est littéralement interdit aux investisseurs depuis environ un an.

Il faudra attendre que la situation s’apaise entre les 2 pays, afin d'avoir de nouveaux accès à des données fiables.

Chapitre 25 :

Inde

1. Économie

L'Inde est la 6e plus grande puissance du monde, avec un PIB de 3 530 milliards de dollars US en 2022 ! Elle a connu une croissance annuelle moyenne élevée d'environ 7 % ces dernières années !

Continuons dans les chiffres qui donnent le tournis. L'Inde compte 1,38 milliard d'habitants en 2022 soit 17,2 % de la population mondiale ! C'est le 2e pays le plus peuplé de la terre, derrière la Chine. Le secteur des services est le moteur de l'économie indienne, représentant environ 55 % du PIB du pays. Le pays est également un grand producteur de biens manufacturés tels que les textiles, les produits chimiques et les machines-outils. L'Inde est également l'un des plus grands producteurs de produits agricoles.

L'Inde est en train de devenir un centre mondial de l'innovation technologique, avec une forte croissance dans les secteurs de la technologie de l'information et des communications, ainsi que dans les secteurs des énergies renouvelables.

La corruption, les inégalités de revenus et le taux de chômage élevé sont des défis que le pays doit relever, afin de se développer à son plein potentiel. Malgré ces défis, le gouvernement indien a mis en place des politiques pour stimuler la croissance économique et encourager les investissements étrangers, offrant ainsi de nombreuses opportunités pour les investisseurs en bourse !

Attention, géant en approche !

Technologies de l'information et des communications

L'Inde est le plus grand exportateur de logiciels au monde.

L'Inde est un leader mondial qui offre ces services de maintenance informatique, de conseil en technologie au monde entier.

Santé

L'Inde est le plus grand fournisseur mondial de médicaments génériques et représente environ 20 % de la production mondiale de médicaments !

Les entreprises pharmaceutiques indiennes sont compétitives en termes de coûts et offrent une gamme de produits génériques et de médicaments à faible coût pour les pays en développement.

Services financiers

L'Inde est un important centre de services financiers, avec une industrie de la banque, de l'assurance et de la gestion d'actifs en croissance rapide. L'Inde possède également une bourse dynamique, la Bourse de Bombay (BSE), qui est l'une des plus anciennes bourses d'Asie.

Énergie solaire

L'Inde est classée 5e en termes de capacité installée. Le gouvernement indien a lancé un programme ambitieux pour atteindre 175 GW d'énergie renouvelable d'ici 2022, dont 100 GW d'énergie solaire.

Textile

L'Inde est le deuxième plus grand exportateur de vêtements et de textiles au monde, offrant des produits à des prix compétitifs. L'industrie textile indienne est également connue pour ses tissus artisanaux et ses vêtements traditionnels.

Agroalimentaire

Dans le secteur agricole, l'Inde aussi est un géant :

- 2e plus grand producteur mondial de fruits et légumes
- 2e plus grand producteur de riz
- 5e plus grand producteur de céréales.

L'agriculture est l'un des principaux secteurs de l'économie indienne, employant environ 50 % de la main-d'œuvre totale.

Automobile

L'Inde est le 5e plus grand producteur de voitures au monde et est un important centre de production de deux-roues. Les constructeurs automobiles indiens offrent des produits à des prix compétitifs, ce qui en fait un marché attractif pour les consommateurs.

Sidérurgie

L'Inde est le 2e plus grand producteur d'acier au monde, offrant une gamme de produits en acier tels que les plaques, les barres, les tubes et les tôles. Les aciéries indiennes sont connues pour leur technologie de pointe.

Tourisme

L'Inde est une destination touristique populaire, offrant une riche diversité culturelle et une histoire ancienne. Le pays est classé huitième au monde en termes de nombre de visiteurs internationaux, avec plus de 10 millions de visiteurs chaque année.

2. Le S&P BSE Sensex

L'un des plus importants marchés émergents !

La Bourse de Bombay (BSE) et la National Stock Exchange (NSE) sont les deux principales bourses du pays. La capitalisation boursière de ces deux bourses était d'environ 2 790 milliards de dollars US en 2021.

Le marché boursier indien est connu pour sa liquidité, avec un volume de transactions élevé et une grande diversité de secteurs représentés.

L'indice boursier le plus représentatif de l'Inde est le S&P BSE Sensex, également connu sous le nom de Sensex. Le Sensex est composé des 30 plus grandes entreprises cotées à la

BSE, représentant environ 45 % de la capitalisation boursière totale de la bourse.

Le Sensex couvre un large éventail de secteurs, y compris la finance, l'industrie, les technologies de l'information, l'énergie, les produits de consommation et les soins de santé.

Le Nifty 50, géré par la National Stock Exchange of India, est aussi un indice boursier important en Inde. Il suit les 50 plus grandes entreprises cotées à la NSE. Cependant, le Sensex est l'indice le plus représentatif du marché boursier indien en raison de sa longue histoire et de sa composition diversifiée !

Évolution du S&P BSE Sensex

Au cours des dernières années, l'indice Sensex a connu une croissance significative malgré quelques périodes de volatilité.

- En 2019, il a enregistré une hausse de 15 %, entre janvier et décembre.

- En 2020, l'indice a été fortement impacté par la pandémie de COVID-19, avec une baisse importante de près de 35 % en mars par rapport au début de l'année. Cependant, il s'est rapidement redressé et a clôturé l'année avec une croissance de 15,75 %, atteignant 47 751 points en décembre.

- En 2021, l'indice Sensex a poursuivi sa tendance haussière avec une croissance de 21 % sur l'année. Cette forte croissance a été soutenue par une reprise économique progressive après les impacts de la pandémie de COVID-19 et par les mesures prises par le gouvernement indien pour stimuler l'économie.

3. Investir en Inde

Les opportunités

L'Inde est un marché émergent avec un potentiel de croissance économique important. Le pays dispose d'une main-d'œuvre qualifiée et jeune, d'une forte croissance démographique et d'une classe moyenne en pleine expansion, offrant ainsi des perspectives de croissance pour les entreprises de biens de consommation.

Le gouvernement indien a également mis en place des politiques pour stimuler le marché boursier, notamment en encourageant la participation des investisseurs étrangers. De plus, le pays dispose d'un secteur des technologies de l'information et de la communication en croissance rapide, qui attire de nombreux investissements.

Le développement des infrastructures en Inde offre également des opportunités d'investissement dans des secteurs tels que l'énergie, le transport, l'immobilier et la construction.

Enfin, l'Inde est le deuxième marché le plus peuplé au monde, ce qui en fait un marché important pour les entreprises étrangères cherchant à étendre leur présence mondiale.

Les avantages

- Coûts compétitifs : l'Inde est connue pour avoir des coûts de main-d'œuvre relativement bas par rapport aux autres pays développés, ce qui lui permet de proposer des produits à des prix compétitifs sur le marché mondial.

- Ressources naturelles abondantes : l'Inde dispose de vastes ressources naturelles, notamment dans le domaine de l'agriculture, qui contribuent à la croissance économique du pays.

- Taille du marché intérieur : avec une population de plus d'un milliard de personnes, l'Inde offre un marché intérieur important pour les entreprises nationales et internationales !

- Secteurs émergents : le pays a vu émerger plusieurs secteurs clés ces dernières années, tels que les technologies de l'information, les services de sous-traitance, les sciences de la vie et les énergies renouvelables, qui sont très compétitifs sur le marché mondial.

- Main-d'œuvre qualifiée : l'Inde dispose d'une main-d'œuvre qualifiée, notamment dans les domaines de l'ingénierie, de la technologie de l'information, des services financiers et de la recherche et développement.

- Position géographique stratégique : située au cœur de l'Asie, l'Inde offre des avantages géographiques pour les entreprises souhaitant pénétrer les marchés de l'Asie du Sud et de l'Asie de l'Est.

- Programmes de développement économique : le gouvernement indien a mis en place des programmes de développement économique visant à améliorer l'infrastructure du pays, à favoriser la croissance économique et à stimuler l'investissement.

Ces avantages compétitifs ont permis aux entreprises indiennes de se positionner avantageusement sur le marché mondial et de se développer rapidement ces dernières années. Par exemple, Tata Consultancy Services, est l'une des plus grandes entreprises de services informatiques au monde et elle emploie plus de 500 000 personnes dans le monde !

4. Les risques

Les risques politiques, économiques et géopolitiques associés au pays

L'Inde est un pays qui connaît une instabilité politique et des risques géopolitiques importants. Des conflits avec des pays voisins tels que le Pakistan et la Chine peuvent affecter la stabilité du pays.

La corruption est un problème endémique en Inde, ce qui peut affecter les entreprises et les investisseurs.

Les risques de change

L'Inde est soumise à des risques de change, en particulier en raison de la fluctuation de la roupie indienne par rapport aux autres devises.

Par exemple, en 2013, la roupie a chuté de plus de 20 % par rapport au dollar américain, ce qui a causé des pertes importantes pour les investisseurs étrangers en Inde.

Les risques liés à la volatilité

Le marché boursier indien est connu pour sa volatilité. En 2020, le marché boursier indien a été durement touché par la pandémie de COVID-19, entraînant une forte baisse des prix des actifs financiers.

Mon avis sur ce pays

Honnêtement, la plupart du temps lorsqu'on parle de l'Inde, on a encore plein de clichés en tête comme lorsque l'on parle de la Chine, du Brésil de l'Afrique du Sud ou de la Russie Cependant, s'il y a bien un pays qui a un potentiel énorme et qui est encore sous-estimé, c'est bien l'Inde !

L'OMC prévoit que l'Inde deviendra la 3e plus grande économie du monde d'ici 2030, dépassant ainsi le Japon, l'Allemagne et le Royaume-Uni !

Selon l'OMC, l'Inde représentera environ 5,8 % du PIB mondial d'ici 2030, soit une augmentation significative par rapport à sa part actuelle d'environ 3 %.

Personne n’est Madame Irma et personne ne lit dans la boule de cristal. Pour autant, quand on additionne tous les avantages de l'Inde, ce n'est qu'une question de temps avant que ce pays devienne une des principales puissances économiques mondiales...

5. Entreprises internationales

Des secteurs diversifiés

Finance

HDFC Bank est la plus grande banque privée en Inde en termes d'actifs et de capitalisation boursière. Elle est également classée parmi les 100 premières marques mondiales par le magazine Forbes.

ICICI Bank est la deuxième plus grande banque en Inde et elle est aussi classée parmi les 100 premières marques mondiales !

Technologie

Tata Consultancy Services (TCS) est la 3e entreprise de services informatiques la plus importante au monde en 2021 ! Infosys quant à elle, est la 6e entreprise de services informatiques la plus importante au monde en 2021.

Énergie

Reliance Industries : c'est une entreprise multinationale qui opère dans les secteurs de la pétrochimie, de l'énergie et des télécommunications. C’est la plus grande entreprise en Inde en termes de capitalisation boursière.

Oil and Natural Gas Corporation est une entreprise publique qui est la plus grande entreprise de production de pétrole et de gaz en Inde.

Performance boursière récente de ces entreprises

Voici les performances boursières récentes des trois plus grosses capitalisations indiennes :

Reliance Industries Limited (RIL) :

- Sur 5 ans : +156 %
- Sur 10 ans : + 434 %

Tata Consultancy Services (TCS) :

- Sur 5 ans : +128 %
- Sur 10 ans : + 447 %

HDFC Bank :

- Sur 5 ans : +69 %
- Sur 10 ans : + 373 %

Attention, comme toutes les performances d'entreprise que je vous ai donné au cours de ce livre, il faut bien comprendre qu'elles ont changé au moment où vous lisez ces lignes !

Chapitre 26 :

Chine

1. Économie

1,41 milliard d'habitants !

Avoir une population aussi importante est un atout considérable pour le pays en termes de développement économique et de puissance.

En effet, la Chine dispose d'une main-d'œuvre abondante, souvent à moindre coût, ce qui attire les investisseurs étrangers et encourage la production de biens à grande échelle.

De plus, une population importante offre un marché intérieur très important pour les entreprises nationales, stimulant ainsi la croissance économique du pays.

Enfin, une population aussi importante est une force géopolitique, car elle donne une voix importante à la Chine dans les négociations internationales et lui permet de peser davantage sur la scène internationale.

La 2e économie mondiale

La Chine est la 2e économie mondiale, avec un PIB de 17 730 milliards de dollars US en 2021 !

Depuis les réformes économiques de 1978, la Chine a connu une croissance économique rapide, avec un taux de croissance moyen d'environ 10 % par an pendant plusieurs décennies. Cette croissance a permis à la Chine de devenir une puissance économique mondiale et de se positionner comme un marché boursier majeur.

Les secteurs d'activité de la Chine sont très diversifiés et en constante évolution. Les industries manufacturières telles que l'électronique, l'automobile, l'aéronautique, les équipements industriels, les biens de consommation et les textiles sont parmi les plus importantes. Les services, notamment le secteur financier, le tourisme et la technologie, sont également en pleine expansion.

La Chine a également connu une croissance rapide de sa classe moyenne, ce qui a stimulé la demande intérieure et encouragé le développement de nouveaux secteurs. Le pays a également investi massivement dans des technologies de pointe comme l'intelligence artificielle, la 5G et l'Internet des objets, renforçant ainsi sa position dans le domaine de la technologie.

La croissance économique de la Chine devrait continuer de se maintenir à un rythme élevé, avec une projection de taux de croissance moyen de 5,7 % entre 2021 et 2025, selon le FMI. Le marché boursier de la Chine présente donc des opportunités importantes pour les investisseurs !

Les secteurs où la Chine est très bien classée

- Produits électroniques : la Chine est devenue le leader mondial de la fabrication de produits électroniques. En 2020, la Chine représentait environ 40 % de la production mondiale de produits électroniques.

- Exportation : le pays est le plus grand exportateur de marchandises au monde depuis 2009 ! En 2020, les exportations de la Chine ont atteint 2,5 billions de dollars...

- Énergie renouvelable : la Chine est le leader mondial dans la production d'énergie renouvelable, y compris l'énergie solaire et éolienne. En 2020, la Chine représentait environ 40 % de la capacité mondiale de production d'énergie solaire et environ 30 % de la capacité mondiale de production d'énergie éolienne.

- Automobile : c'est le plus grand marché automobile du monde et le premier producteur de voitures au monde depuis 2009. En 2020, plus de 25 millions de voitures ont été vendues en Chine, soit plus du double des ventes aux États-Unis !

- Acier : la Chine est le plus grand producteur d'acier au monde depuis 1996. En 2020, la Chine a produit plus de 1 milliard de tonnes d'acier, soit plus de la moitié de la production mondiale.

- Textile : la Chine est le plus grand exportateur de vêtements au monde.

- Télécommunications : la Chine est le plus grand marché de télécommunications au monde en termes de nombre d'utilisateurs. En 2020, la Chine comptait plus de 900 millions d'utilisateurs d'Internet et plus de 1,6 milliard d'abonnements mobiles.

- Banques : la Banque industrielle et commerciale de Chine (ICBC) est la plus grande banque du monde !

- Construction : la Chine est le plus grand marché de la construction au monde en termes de valeur. En 2020, la valeur totale des nouveaux projets de construction en Chine a dépassé les 4 000 milliards de dollars...

- Commerce en ligne : la Chine est le plus grand marché de commerce électronique au monde. En 2020, les ventes de commerce électronique en Chine ont atteint plus du double des ventes aux États-Unis...

Bref, vous l'aurez compris, la Chine explose tous les records. Je pourrais continuer ce classement encore pendant longtemps. Ce n'est pas pour rien que la rivalité entre la Chine et les États-Unis, est aussi intense.

2. Shanghai, Shenzhen et Hong Kong

Le marché boursier de la Chine est l'un des plus importants du monde !

Il est constitué de 3 bourses principales : la Bourse de Shanghai, la Bourse de Shenzhen et la Bourse de Hong Kong.

La capitalisation boursière combinée des bourses de Shanghai, Shenzhen et Hong Kong ainsi que des ADR (les "American Depositary Receipts") cotés aux États-Unis, s'élève à 18 800 milliards de dollars US !

Le marché boursier chinois est considéré comme relativement volatil. Il est soumis à une réglementation stricte de la part du gouvernement. Il est également caractérisé par une forte participation des investisseurs particuliers et une faible participation des investisseurs institutionnels. La liquidité du marché s'est améliorée ces dernières années avec l'ouverture du marché aux investisseurs étrangers.

L'indice boursier le plus représentatif de la Chine est le Shanghai Composite Index, qui mesure la performance des actions cotées à la Bourse de Shanghai, la plus grande bourse de Chine continentale. Cet indice comprend les actions de plus de 1 000 sociétés chinoises cotées sur les marchés boursiers de Shanghai et de Shenzhen.

Évolution du Shanghai Composite Index

Comme vous pouvez le voir dans l'image ci-dessous, l'indice boursier et assez volatile

Au cours des dernières années, l'indice a atteint un de ses plus hauts niveaux historiques en octobre 2007 avant de chuter brutalement lors de la crise financière mondiale de 2008. Depuis, il a connu des hauts et des bas !

Malgré la pandémie de COVID-19, l'indice ne s’est pas écroulé, aussi brutalement que d'autres indices boursiers, de son ampleur. Ce graphique montre bien la résilience du marché boursier chinois.

3. Investir en Chine

Les opportunités

La Chine offre de nombreuses opportunités de croissance économique et de développement du marché boursier en raison de plusieurs facteurs clés :

Réforme économique

La Chine a lancé un programme de réforme économique pour ouvrir son économie et réduire sa dépendance aux exportations. Ce choix judicieux a créé des opportunités pour les entreprises étrangères souhaitant accéder au marché chinois.

Investissements massifs dans les infrastructures

La Chine a investi massivement dans les infrastructures ces dernières années, ce qui a créé une forte demande pour les produits de base et les matières premières. Ces investissements ont amélioré les réseaux de transport, les infrastructures énergétiques et les systèmes de communication du pays. En conséquence, la Chine est aujourd'hui le plus grand consommateur de métaux de base tels que l'acier, le cuivre et l'aluminium, ainsi que de produits de base tels que le charbon et le pétrole brut. Ces investissements ont également eu un impact significatif sur les économies des pays producteurs de matières premières, en particulier en Afrique et en Amérique latine, où de nombreux gouvernements ont conclu des accords avec la Chine pour l'exploitation de leurs ressources naturelles.

Technologies de pointe

La Chine a investi massivement dans les technologies de pointe telles que l'intelligence artificielle, la 5G, la blockchain, etc. Ces investissements visent à renforcer la compétitivité de la Chine sur les marchés internationaux, ainsi qu'à développer des industries émergentes pour l'avenir.

La Chine est aujourd'hui l'un des leaders mondiaux avec de nombreuses entreprises technologiques en pleine croissance telles que Huawei, Alibaba et Tencent. Les investissements massifs dans les technologies de pointe ont stimulé le développement de nombreuses industries connexes, telles que les véhicules électriques, l'énergie propre et les systèmes de contrôle de la pollution.

Marché des services en croissance

Le marché des services en Chine est en croissance rapide depuis plusieurs années, stimulé par la demande croissante de la classe moyenne chinoise pour des services de qualité.

Les entreprises étrangères ont également un grand potentiel sur le marché des services en Chine, en apportant leur expertise et leur savoir-faire dans des domaines tels que la gestion des services, la technologie de l'information, la logistique, etc. Le gouvernement chinois encourage activement l'investissement étranger dans ces secteurs et a mis en place des mesures pour faciliter l'expansion des entreprises étrangères sur le marché des services.

Les entreprises qui réussissent sur le marché chinois des services sont celles qui sont en mesure de s'adapter aux particularités locales et de répondre aux besoins spécifiques des clients chinois.

Les avantages

Taille du marché intérieur

La Chine a une population de plus de 1,4 milliard de personnes, ce qui en fait le marché de consommation le plus important au monde. La classe moyenne en Chine est en pleine expansion, offrant de nombreuses opportunités pour les entreprises chinoises de croître et d'innover sur leur marché avant de se développer à l'international.

Coûts de production

Avec des coûts de production relativement bas, les entreprises chinoises proposent des prix compétitifs sur les marchés internationaux. De plus, la Chine est le premier producteur mondial de nombreuses matières premières (et oui, la Chine fait également partie des super puissances minières), ce qui réduit également les coûts de production pour les entreprises du pays !

Technologie

Les entreprises chinoises sont de plus en plus compétitives dans les télécommunications, l'intelligence artificielle, la robotique et les semi-conducteurs. Huawei, Alibaba et Tencent sont des exemples d'entreprises chinoises qui sont devenues des leaders mondiaux dans leur domaine.

Recherche et Développement

Le gouvernement chinois investit massivement dans la recherche et le développement, ce qui permet aux entreprises du pays d'innover et de développer de nouveaux produits et services.

Politiques gouvernementales favorables

Le gouvernement chinois met en place des politiques économiques favorables pour les entreprises du pays, comme des réductions fiscales et des subventions pour l'innovation technologique.

4. Les risques

Les risques politiques, économiques et géopolitiques associés au pays

Sur le plan politique, le pays est dirigé par un régime autoritaire qui peut prendre des décisions imprévisibles et qui limite la liberté d'expression et la transparence des informations.

Un exemple ? La disparition de Jack Ma, le fondateur d'Alibaba, pendant plusieurs mois en 2020 après avoir critiqué le gouvernement chinois. Ce genre d'exemple soulève des inquiétudes quant à la liberté des entreprises en Chine.

Sur le plan économique, la Chine est confrontée à une montée de sa dette, à une bulle immobilière (à cause de la fameuse entreprise Evergrande) et à une surcapacité industrielle qui pourraient mettre en péril sa croissance économique.

Enfin, sur le plan géopolitique, la Chine est confrontée à des tensions avec certains de ses voisins, notamment en mer de Chine méridionale, ce qui pourrait créer des tensions diplomatiques et commerciales avec d'autres pays de la région. Ces risques doivent être pris en compte lors de l'investissement dans le marché boursier chinois.

Chine vs USA, le combat des titans !

Sur le plan géopolitique, la rivalité entre la Chine et les États-Unis est de plus en plus prégnante. Les tensions commerciales entre les deux pays ont éclaté ces dernières années, et la pandémie de COVID-19 n'a fait qu'accentuer les frictions.

Les différends commerciaux et technologiques entre les deux pays peuvent avoir des conséquences importantes pour les investisseurs.

Les relations diplomatiques entre la Chine et les États-Unis sont souvent tendues en raison des différences idéologiques. Les investisseurs doivent tenir compte de ces risques géopolitiques avant de prendre des décisions d'investissement.

Huawei, un ennemi à abattre...

Un exemple concret de cette situation est l'interdiction quasi-totale de la société chinoise Huawei aux États-Unis.

En 2019, le gouvernement américain a placé Huawei sur une liste noire, affirmant que l'entreprise posait une menace pour la sécurité nationale en raison de ses liens présumés avec le gouvernement chinois. Cette décision a eu des répercussions importantes sur les activités de Huawei aux États-Unis, notamment en limitant sa capacité à faire des affaires avec des entreprises américaines et à accéder à certaines technologies américaines.

Cette interdiction a également eu des répercussions sur les relations commerciales et diplomatiques entre les États-Unis et la Chine.

Les risques de change

La Chine a maintenu une certaine stabilité de sa monnaie, le yuan, ces dernières années, mais elle peut être sujette à des dévaluations soudaines en réponse à des événements économiques ou politiques imprévus.

De plus, la Chine a des restrictions strictes sur les mouvements de capitaux, ce qui peut rendre difficile la conversion de la monnaie chinoise en devises étrangères. Vous devez être conscient de ce risque lorsque vous investissez votre argent.

Les risques liés à la volatilité

La Bourse de Shanghai est connue pour être l'une des plus volatiles au monde en raison de la forte influence qu'exerce l'État chinois sur l'économie, ainsi que les tensions géopolitiques.

Investir en Chine, c'est prendre un risque avec la volatilité. Dans tous les pays, la volatilité est présente, même aux États-Unis. C'est à vous en tant qu'investisseur de vous diversifier, car c'est votre seule arme contre ce type de risque !

5. Entreprises internationales

Des entreprises chinoises d'envergure internationales

Finance

Si je vous demande ; quel est le pays qui regroupe le plus de banques dans le top 10 mondial ? Il y a de fortes chances que vous me répondiez : les États-Unis ! Et bien, vous aurez tort ! Ce classement est là pour le prouver.

- ICBC (Industrial and Commercial Bank of China) est la plus grande banque commerciale du monde en termes de capitalisation boursière !
- China Construction Bank : 2e rang mondial
- Agricultural Bank of China : 3e rang mondial
- Bank of China : 4e rang mondial
- China Development Bank : 7e rang mondial

Dans le top 10, 50 % des banques sont chinoises...

Technologie

- Située au 2e rang mondial dans le secteur des équipements de télécommunications, Huawei est devenue un géant !

- Tencent est au 5e rang mondial dans le secteur des services en ligne...Elle a créé la célèbre application de messagerie instantanée WeChat, qui est très populaire en Chine.

- Xiaomi : 4e rang mondial dans le secteur des smartphones

- Lenovo : 8e rang mondial dans le secteur des ordinateurs personnels

China Mobile est la plus grande entreprise de télécommunications en Chine, avec plus de 900 millions d'abonnés !

Commerce en ligne

Alibaba est la 3e plus grande entreprise de commerce en ligne dans le monde. Elle opère principalement en Chine, mais elle est présente dans d'autres pays.

Énergie

China National Petroleum Corporation est située au 3e rang mondial dans le secteur de l'énergie !

CNPC est détenue par l'État.

China Petroleum & Chemical Corporation (Sinopec) est, quant à elle, au 4e rang mondial.

State Grid Corporation of China est le plus grand gestionnaire de réseau, transporteur et distributeur d'électricité au monde en nombre d'employés !

Industrie

- Foxconn : même si cette entreprise n'est “qu'au 29ème rang mondial”, Foxconn est responsable de la production de nombreux produits Apple, tels que l'iPhone, l'iPad et le Mac !

Grâce à son expertise en matière de fabrication électronique, Foxconn est capable de produire des produits de haute qualité à grande échelle.

- China State Construction Engineering Corporation : 23e rang mondial dans le secteur de la construction

Performance boursière récente de ces entreprises

Voici les performances boursières récentes des 3 plus grosses capitalisations chinoises :

- Entre mars 2018 et mars 2023, l'action de Tencent a perdu 25 %...

- L'action d'Alibaba a chuté de plus de 54 % au moment où j'écris ces lignes, depuis 5 ans. Ce n'est que mon avis personnel, mais je pense que cette entreprise est largement sous-évaluée, par rapport à son potentiel et à ce qu'elle génère en termes de bénéfice.

- Sur les cinq dernières années, le cours de l'action de Meituan (MPNGF) a augmenté de 73 % !

Chapitre 27 :

Afrique du Sud

1. Économie

Deuxième économie de l'Afrique, mais plus puissante que la première !

L'Afrique du Sud est une économie émergente dotée d'une infrastructure développée et diversifiée. Elle est considérée comme la deuxième économie la plus importante d'Afrique après le Nigéria. Le PIB de l'Afrique du Sud est moins élevé que celui du Nigéria, car ce dernier est gonflé par les prix du pétrole.

L'Afrique du Sud est plus puissante que le Nigéria pour plusieurs raisons.

Tout d'abord, l'Afrique du Sud possède une économie diversifiée, avec des secteurs tels que la finance, l'industrie minière, l'agriculture, le tourisme et les services. En revanche, l'économie du Nigéria est fortement dépendante du secteur pétrolier, qui représente 87 % de ses exportations.

De plus, l'Afrique du Sud dispose d'une infrastructure plus développée, notamment en termes de transport, de télécommunications et d'énergie.

Enfin, l'Afrique du Sud bénéficie d'une meilleure stabilité politique et d'un environnement commercial plus favorable pour les investisseurs étrangers.

Un colosse au pied d'argile...

Le pays est principalement orienté vers le secteur des services qui représente environ 68 % de son PIB. Le secteur minier est également important pour l'économie sud-africaine car le pays possède des réserves importantes de minerais tels que l'or, le platine, le charbon et les diamants. Cependant, l'économie sud-africaine est touchée par une croissance économique faible, un taux de chômage élevé et une forte inégalité économique.

Malgré cela, le gouvernement sud-africain a pris des mesures pour stimuler l'économie en investissant dans des infrastructures publiques et en encourageant l'investissement étranger dans le pays.

Le gouvernement a également créé des zones économiques spéciales pour encourager les investissements dans les secteurs clés tels que les énergies renouvelables et les technologies de l'information et de la communication. De plus, l'adhésion de l'Afrique du Sud aux BRICS (Brésil, Russie, Inde, Chine et Afrique du Sud) a créé de nouvelles opportunités pour le pays de renforcer ses relations commerciales avec les autres pays membres.

Une véritable mine d'or !

- Platine : 1er producteur mondial
- Palladium : 1er producteur mondial
- Rhodium : 1er producteur mondial
- Manganèse : 1er producteur mondial
- Or : 2e producteur mondial
- Vanadium : 2e producteur mondial
- Manganèse : 3e producteur mondial
- Diamants : 4e producteur mondial
- Charbon : 7e producteur mondial

La route des gourmets

- Thon : 4e pêcheur mondial
- Laine : 3e exportateur mondial
- Citron : 2e exportateur mondial
- Vin : 7e producteur mondial
- Maïs : 8e producteur mondial
- Blé : 10e producteur mondial

2. Le FTSE/JSE All Share

Le marché le plus important d'Afrique !

Avec une capitalisation boursière totale d'environ 2 200 milliards de dollars américains en 2021, la Bourse de Johannesburg (JSE) est la principale bourse du continent.

La volatilité de l'indice boursier FTSE/JSE All Share Index est relativement élevée en raison de la forte dépendance de l'économie sud-africaine aux exportations de matières premières telles que l'or, le platine et les métaux de base.

Cependant, la liquidité du marché est assez élevée, offrant des opportunités d'investissement intéressantes pour les investisseurs. Le marché boursier sud-africain est également bien réglementé et supervisé par l'Autorité des services financiers (FSCA) afin de garantir la transparence et l'intégrité du marché.

L'indice boursier le plus important est le FTSE/JSE All Share Index, qui est un indice pondéré en fonction de la capitalisation boursière des entreprises cotées.

Cet indice représente environ 99 % de la capitalisation boursière totale de la bourse sud-africaine et inclut des entreprises des secteurs minier, financier, industriel et de la consommation.

Évolution du FTSE/JSE All Share

En 2018, l'indice a chuté de plus de 10 % en raison de la dévaluation de la monnaie sud-africaine et des tensions commerciales mondiales.

En 2019, l'indice a connu une certaine reprise, mais la pandémie de Covid-19 en 2020 a entraîné une forte baisse de l'indice, qui a perdu près de 30 % de sa valeur en mars 2020. Depuis, l'indice s'est partiellement redressé, mais reste volatil.

3. Investir en Afrique du Sud

Les opportunités

Malgré ses défis, le pays est en train de se développer rapidement, ce qui en fait un marché attrayant pour les investisseurs.

Le secteur minier est l'un des principaux moteurs de l'économie sud-africaine, mais le pays diversifie son économie en développant des secteurs tels que la finance, la technologie, l'énergie, l'agriculture et le tourisme.

De plus, le pays a une base industrielle solide, une infrastructure développée et une main-d'œuvre qualifiée, ce qui en fait un endroit attractif pour les investisseurs que nous sommes.

Les avantages

Une main-d'œuvre qualifiée

L'Afrique du Sud dispose d'une main-d'œuvre qualifiée avec une expertise technique avancée dans différents domaines tels que l'ingénierie, les technologies de l'information, la finance et les services professionnels.

Des coûts compétitifs

Les coûts de main-d'œuvre et de production sont relativement bas par rapport à d'autres économies développées, ce qui en fait un choix attrayant pour les investisseurs.

Une infrastructure développée

L'Afrique du Sud possède une infrastructure développée, notamment en matière de transport, d'énergie, de télécommunications et de logistique, qui facilite les activités commerciales.

Une réglementation favorable

Le gouvernement sud-africain a mis en place des politiques et des réglementations favorables aux investisseurs pour encourager la croissance économique et l'investissement étranger.

Des avantages géographiques

L'Afrique du Sud est stratégiquement située pour les entreprises souhaitant accéder aux marchés africains, européens et asiatiques, ce qui en fait une plaque tournante pour les activités commerciales.

Une diversité sectorielle

L'économie sud-africaine est diversifiée avec une forte présence de secteurs clés tels que la finance, les mines, les télécommunications, l'agriculture, l'industrie automobile et les technologies de l'information.

Des partenariats économiques solides

L'Afrique du Sud a développé des partenariats économiques avec des pays clés comme les États-Unis, la Chine, l'Union européenne, ce qui ouvre de nouvelles opportunités commerciales pour les entreprises.

4. Les risques

Les risques politiques, économiques et géopolitiques associés au pays

Le pays a connu l'apartheid dans le passé et la situation économique reste toujours fragile.

En outre, le pays est confronté à une corruption généralisée, une criminalité élevée et des inégalités économiques importantes, ce qui entrave le développement des entreprises et l'attrait des investisseurs.

Les risques de change

Le rand est soumis à des fluctuations importantes. Les investisseurs doivent être conscients des risques de change liés aux fluctuations des taux de change.

Les risques liés à la volatilité

Le marché boursier de l'Afrique du Sud présente comme tous les marchés des risques pour les investisseurs. Les marchés des pays émergents sont souvent plus volatils que les marchés développés.

Vous devez être prêts à accepter une certaine volatilité dans votre portefeuille pour pouvoir investir dans ce type de marché.

5. Entreprises internationales

Présentation d'entreprises internationales ayant leur siège social dans ce pays

- Naspers est la 2e plus grande entreprise de médias au monde !

- Sasol : 1er producteur mondial de carburants synthétiques !

- Old Mutual : 66e plus grande entreprise d'assurance au monde.

- Standard Bank Group : 114e plus grande entreprise bancaire au monde.

- MTN Group : 107e plus grande entreprise de télécommunications au monde.

- Shoprite Holdings : 332e plus grande entreprise de vente au détail au monde.

Performance boursière récente de ces entreprises

Entre février 2022 et février 2023, l'action de Naspers a augmenté d'environ 99 % !

Tout n'est pas tout rose dans la Nation Arc-en-ciel, l'action de Standard Bank Group a perdu 16,5 % depuis 5 ans...

Partie 4 :
Les marchés prometteurs pour booster votre richesse

Chapitre 28 :

Pourquoi ces pays méritent votre attention ?

---

1. Vous cherchez des opportunités ? Ne cherchez plus !

Ces marchés émergents peuvent offrir des rendements boursiers explosifs pour les investisseurs prêts à prendre des risques !

Avec une croissance économique rapide et une demande croissante de leurs produits et services, ces pays représentent une occasion unique d'investir avant qu'ils ne deviennent trop populaires.

Nous allons explorer ensemble ces marchés émergents et découvrir les opportunités et les risques qui les accompagnent. Vous êtes prêts ? Alors, c'est parti !

2 Être plus rusé que les autres...

Des pays sous-estimés

Les pays que nous allons explorer sont souvent sous-estimés par les investisseurs, pour diverses raisons.

En général, ils ont des économies moins développées, des marchés financiers moins matures, des réglementations plus restrictives ou laxistes, des infrastructures moins développées et des risques politiques plus élevés que les pays développés ou les BRICS.

Malgré ces risques, ces pays ont de nombreux atouts !

Tout d'abord, ils ont un potentiel de croissance économique important, souvent lié à une démographie jeune et dynamique, à des ressources naturelles abondantes et à une urbanisation croissante.

De plus, investir dans ces marchés vous offre une diversification plus importante qui permet paradoxalement, de réduire votre exposition au risque.

À l'heure où la technologie bouscule nos vies à une vitesse fulgurante, qui sait si les marchés développés ou les BRICS, seront encore de taille demain ?

Vous voulez une preuve ?

Un récent rapport du FMI indique que la 2e économie du monde serait... l'Indonésie en 2100 !

Bluffant n'est-ce pas ?

Pour ceux qui seraient encore sceptiques, je vous invite à réfléchir au point suivant.

→ Jusque dans les années 90, il paraissait impensable que la Chine dépasse les pays européens et atteigne le niveau économique des États-Unis !

Pourtant, aujourd'hui, c'est la 2e puissance économique sur terre ! Les choses évoluent encore plus vite de nos jours et il ne faut jamais avoir un regard suffisant vis-à-vis de certains pays.

→ Votre but en tant qu'investisseur rentable n'est pas de tout miser sur ces pays-là en espérant un excellent retour sur investissement, car c'est trop risqué.

En revanche, votre but est de vous poser les bonnes questions et d'appliquer des stratégies afin de ne pas manquer des opportunités !

Chapitre 29 :

Les 5 Tigres Asiatiques pour maximiser vos rendements boursiers

---

1. Indonésie, Vietnam, Thaïlande, Malaisie et Philippines

Les 5 pays à surveiller pour exploser votre richesse

Surnommés ainsi pour leur économie en plein essor, les 5 Tigres Asiatiques (Indonésie, Vietnam, Thaïlande, Malaisie et Philippines) sont des marchés émergents à surveiller de près pour les investisseurs à la recherche de rendements boursiers explosifs.

Souvent sous-estimés, ces pays offrent des opportunités d'investissement intéressantes grâce à leur forte croissance économique, leur position stratégique dans la région Asie-Pacifique et leur population jeune et dynamique.

Les dragons c'est du passé, place aux tigres !

Dans les années 1980, une poignée de pays d'Asie de l'Est ont réussi à sortir de la pauvreté et à devenir des puissances économiques en un temps record. Ils ont été appelés les "4 dragons asiatiques" en raison de leur croissance fulgurante et de leur capacité à rivaliser avec les économies les plus avancées.

Les "5 tigres asiatiques" ont émergé en tant que nouvelle force économique dans les années 90. Bien que ces pays aient subi des chocs économiques au fil des ans, leur potentiel économique reste considérable et offre de nombreuses opportunités d'investissement.

2. Les avantages d'investir dans ces pays

Avec une population combinée de plus de 500 millions d'habitants et une croissance économique soutenue, ces pays sont des marchés émergents à surveiller de près pour ceux qui cherchent à faire exploser leur richesse en bourse !

Ces facteurs combinés ont créé un environnement économique propice à la croissance :

- Des populations jeunes et en croissance rapide, offrant un marché en constante expansion pour les entreprises locales et étrangères.

- Des gouvernements proactifs et des politiques favorables à l'investissement étranger.

- Des infrastructures modernes et en constante amélioration, favorisant l'essor des entreprises et des industries.

- Une main-d'œuvre abondante et compétitive, qui offre des avantages non négligeables pour les entreprises !

- Des secteurs clés en croissance tels que la technologie, l'électronique, la finance et les services aux entreprises.

- Des ressources naturelles importantes qui contribuent à la croissance économique des 5 pays.

- Une situation géographique stratégique, permettant un accès facile aux marchés mondiaux et aux échanges commerciaux régionaux.

3. Analyse du marché boursier de chaque pays

Indonésie

Avec 273,8 millions d'habitants, l'Indonésie est la 4e nation la plus peuplée au monde et la plus grande économie de l'ASEAN (Association des Nations de l'Asie du Sud-Est) !

Le marché boursier indonésien a une capitalisation boursière de plus de 500 milliards de dollars US !

Les secteurs qui attirent le plus les investisseurs étrangers sont les services financiers, les matières premières et l'énergie. La volatilité du marché indonésien est cependant assez élevée, ce qui est tout à fait normal pour ce type de pays.

Malgré les défis liés à la volatilité du marché, les perspectives économiques à long terme de l'Indonésie sont positives en raison de sa croissance démographique et de son développement économique rapide. Le pays a également adopté des réformes économiques et des politiques gouvernementales pour encourager l'investissement étranger, ce qui peut être un indicateur de la confiance des investisseurs à long terme.

Vietnam

Le marché boursier vietnamien est relativement jeune, puisqu'il a été créé en 2000. Depuis, il a connu des hauts et des bas, notamment en raison des fluctuations des flux de capitaux étrangers.

Le marché vietnamien a connu une croissance régulière ces dernières années, avec une augmentation du nombre d'entreprises cotées en bourse et une augmentation du volume de transactions.

Le Vietnam est considéré comme l'un des pays les plus attractifs pour les investissements en Asie, avec une main-d'œuvre abondante et peu coûteuse, une croissance économique solide et un gouvernement qui encourage les investissements étrangers.

Cependant, le marché boursier vietnamien est relativement illiquide, avec une capitalisation boursière relativement faible et une concentration importante des actions des entreprises d'État.

La volatilité des actifs est également un risque potentiel pour les investisseurs. Malgré ces défis, le Vietnam offre des opportunités d'investissement pour les investisseurs à long terme prêts à prendre des risques.

Thaïlande

Avec une capitalisation boursière d'environ 600 milliards de dollars US en février 2023, la bourse de Thaïlande est la plus grande du sud-est asiatique !

Elle a connu une croissance importante au cours des dernières années et a été incluse dans les indices boursiers mondiaux tels que MSCI et FTSE.

Le marché boursier thaïlandais est dominé par les secteurs de la finance, de l'énergie, des matériaux de base et de la consommation.

Les entreprises les plus représentées sur la bourse de Thaïlande sont des sociétés de grande envergure telles que PTT, une entreprise d'État de l'industrie pétrolière et gazière, et Siam Cement, un fabricant de matériaux de construction.

Malaisie

La Bourse de Kuala Lumpur est la principale bourse de Malaisie. Elle a été créée en 1930.

En termes de capitalisation boursière, la Bourse de Malaisie est la 4e plus grande bourse d'Asie du Sud-Est, après celle de Singapour, de la Thaïlande et de l'Indonésie. En janvier 2022, sa capitalisation boursière s'élevait à environ 1 200 milliards de dollars US !

La Bourse de Malaisie est composée de deux marchés :

- le marché principal
- le marché réservé aux petite et moyenne capitalisation

Les secteurs les plus représentés sur la Bourse de Malaisie sont les finances, les technologies de l'information, les services de consommation et les matériaux de base.

Philippines

Le Philippine Stock Exchange (PSE) est la principale bourse des Philippines.

En 2021, la capitalisation boursière totale de la PSE était d'environ 330 milliards de dollars US.

La bourse philippine est composée de plus de 250 sociétés cotées dans divers secteurs comme : les services financiers, l'immobilier, les produits de consommation, les technologies de l'information, les services publics, etc.

4. Exemple d'entreprise sur lesquelles investir

Voici quelques exemples d'entreprises ayant les plus grosses capitalisations boursières et considérées comme sûres chez les 5 Tigres !

Indonésie :

- Bank Central Asia Tbk, une banque leader en Indonésie, a une capitalisation boursière de plus de 50 milliards USD.

- Telkom Indonesia est une entreprise de télécommunications, avec une capitalisation boursière de plus de 20 milliards USD.

- Unilever Indonesia Tbk est une entreprise de biens de consommation courante, avec une capitalisation boursière de plus de 15 milliards USD.

Vietnam :

- Vinamilk est une entreprise de produits laitiers, avec une capitalisation boursière de plus de 15 milliards USD.

- Vietcombank est une banque leader au Vietnam, avec une capitalisation boursière de plus de 10 milliards USD.

- PetroVietnam Gas Joint Stock Corporation est une entreprise d'énergie, avec une capitalisation boursière de plus de 5 milliards USD.

Thaïlande :

- PTT Public Company Limited est une entreprise d'énergie qui a une capitalisation boursière de plus de 50 milliards USD.

- Siam Cement Public Company Limited est une entreprise de matériaux de construction, avec une capitalisation boursière de plus de 30 milliards USD.

- Advanced Info Service Public Company Limited est une entreprise de télécommunications, avec une capitalisation boursière de plus de 20 milliards USD.

Malaisie :

- Tenaga Nasional Berhad est une entreprise d'énergie, avec une capitalisation boursière de plus de 20 milliards USD.

- Malayan Banking Berhad (Maybank), une banque leader en Malaisie, possède une capitalisation boursière de plus de 40 milliards USD.

- Public Bank Berhad est une autre banque leader en Malaisie.

Philippines :

- SM Investments Corporation est une entreprise de grande distribution, avec une capitalisation boursière de plus de 20 milliards USD.

- Ayala Corporation est une entreprise diversifiée, avec des activités dans l'immobilier, la banque et d'autres secteurs.

- Jollibee est une chaîne de restauration rapide avec plus de 750 restaurants et présente dans de nombreux pays d'Asie, au Moyen-Orient et aux États-Unis !

5. Les risques

Indonésie :

- Risque politique : l'Indonésie est un pays relativement stable politiquement. Toutefois, il y a parfois des tensions entre les différentes régions du pays, comme dans la province de Papouasie, qui a connu des violences en raison de l'exploitation des ressources naturelles de la région par des entreprises étrangères. En outre, la corruption est un problème en Indonésie, ce qui peut rendre les entreprises vulnérables à des demandes de pots-de-vin ou à d'autres pratiques malhonnêtes.

- Risque de change : la roupie indonésienne est relativement volatile. Comme toujours, faites en sorte de diversifier correctement votre portefeuille boursier, afin d'éviter ce risque autant que possible.

- Risque environnemental : l'Indonésie est confrontée à une série de défis environnementaux. La déforestation est l'un des principaux défis environnementaux auxquels l'Indonésie est confrontée.

Ces problèmes peuvent affecter les entreprises opérant en Indonésie en entraînant des coûts supplémentaires ou des réglementations plus strictes.

Vietnam :

- Risque politique : le Vietnam est considéré comme un pays à faible risque politique, car il a connu une bonne stabilité ces dernières années. Cependant, il convient de noter que le pays est dirigé par une dictature communiste, ce qui peut avoir des conséquences sur les libertés civiles, politiques et économiques...

- Risque de change : le dong est une monnaie plutôt volatile par rapport aux autres devises, ce qui peut entraîner des pertes pour les investisseurs étrangers.

- Risque environnemental, le Vietnam est confronté à divers problèmes tels que la pollution de l'air et de l'eau, la déforestation, la perte de biodiversité et les catastrophes naturelles telles que les typhons et les inondations. Ces facteurs peuvent avoir un impact sur les investissements dans le pays.

Thaïlande :

- Risque politique : le pays a connu plusieurs coups d'État et troubles politiques ces dernières années, ce qui peut affecter l'investissement. Cependant, le gouvernement actuel travaille à stabiliser la situation politique et économique du pays. Malheureusement, la corruption est un problème que les entreprises rencontrent aussi en Thaïlande...

- Risque de change : le baht est volatile par rapport aux devises étrangères. Il est important de noter que la Banque de Thaïlande intervient souvent pour stabiliser la monnaie.

- Risque environnemental : la Thaïlande est confrontée à des risques environnementaux tels que la pollution de l'air, l'érosion des sols et les changements climatiques. Cependant, le gouvernement thaïlandais a pris des mesures pour améliorer la situation, notamment en développant des technologies propres et en encourageant l'utilisation d'énergies renouvelables.

Malaisie :

- Risque politique : la Malaisie est un pays relativement stable sur le plan politique, mais il y a eu des cas de corruption et d'accusations de fraude électorale (comme dans tous les pays !). Globalement, c'est le pays le plus stable des 5 tigres asiatiques.

- Risque de change : le ringgit est parfois volatile, ce qui peut entraîner des pertes de change pour les investisseurs étrangers.

- Risque environnemental : la Malaisie est vulnérable aux catastrophes naturelles, notamment les inondations et les glissements de terrain. De plus, la déforestation et la pollution sont des problèmes environnementaux importants dans le pays.

Philippines :

- Risque politique : les Philippines ont connu des troubles politiques et sociaux, notamment en 2017 avec la mise en place de la loi martiale dans le sud du pays en réponse à une attaque terroriste. Des manifestations et des grèves ont également eu lieu pour protester contre les politiques économiques et sociales du gouvernement.

- Risque de change : la monnaie philippine, le peso, a connu une forte dépréciation par rapport au dollar américain ces dernières années, passant de 44 pesos pour 1 dollar en 2013 à plus de 50 pesos pour 1 dollar en 2022. Cette volatilité peut entraîner des pertes pour les investisseurs étrangers.

- Risque environnemental : les Philippines sont situées dans une région géologiquement active et sont donc exposées à des catastrophes naturelles telles que les typhons, les tremblements de terre et les éruptions volcaniques. En 2013, le typhon Haiyan a frappé le pays, causant la mort de plus de 6 000 personnes et des dégâts matériels considérables.

Plus récemment, en janvier 2020, l'éruption du volcan Taal a entraîné l'évacuation de milliers de personnes et des perturbations dans les transports et les activités économiques.

Chapitre 30 :

L'Afrique, futur leader du monde !

Pourquoi est-ce que l'Afrique serait le futur leader du monde ?

L'Afrique est un futur leader en raison de son potentiel économique inexploité et de sa croissance rapide !

Selon le FMI, la croissance économique en Afrique subsaharienne devrait atteindre 3,4 % en 2021 et 4,0 % en 2022, soit une augmentation significative par rapport aux années précédentes.

De plus, l'Organisation Mondiale du Commerce a souligné que l'Afrique est la région qui enregistre la plus forte croissance des échanges commerciaux depuis le début des années 2000. L'ONU a également prédit que la population africaine atteindra 2,5 milliards d'ici 2050, ce qui représente une opportunité économique majeure pour la région.

Avec une population jeune et en croissance, une classe moyenne émergente, des ressources naturelles abondantes et une amélioration des infrastructures, l'Afrique est en passe de devenir un acteur économique majeur à l'échelle mondiale. C'est donc le moment idéal pour les investisseurs de s'intéresser aux opportunités d'investissement offertes par ce continent en plein essor.

Nigéria

La 3e plus grande bourse d'Afrique

Le Nigerian Stock Exchange (NSE), est la 3e plus grande bourse d'Afrique en termes de capitalisation boursière. Elle représente un certain nombre d'entreprises clés du Nigéria, telles que Dangote Cement, MTN Nigeria, Nestlé Nigeria, Nigerian Breweries et Guaranty Trust Bank.

La capitalisation boursière totale de la bourse nigériane s'élève à environ 60 milliards de dollars, ce qui représente une part importante du PIB du pays. Le marché est principalement axé sur les secteurs de la finance, de la consommation, de l'énergie et de la construction.

La première économie d'Afrique en termes de PIB

Le Nigeria est la première économie d'Afrique en termes de PIB, avec une économie en croissance rapide malgré les défis liés à la pauvreté, l'insécurité et la corruption.

Le pays possède une population jeune et dynamique, ainsi qu'un marché de consommation en pleine expansion, ce qui en fait une destination attractive pour les investisseurs étrangers.

Le Nigeria est également le plus grand producteur de pétrole d'Afrique, avec des réserves de pétrole brut estimées à plus de 37 milliards de barils !

Un grand potentiel de croissance à long terme !

Le pays doit faire face à des défis tels que l'insuffisance des infrastructures, la dépendance à l'égard des exportations de pétrole et une instabilité politique persistante.

Malgré cela, le Nigeria continue d'être un acteur clé de l'économie africaine, et est considéré comme ayant un grand potentiel de croissance à long terme !

Égypte

Des entreprises intéressantes

La bourse du Caire est la plus grande du pays, avec une capitalisation boursière d'environ 50 milliards de dollars. Elle représente principalement les secteurs de la finance, de l'immobilier, des matériaux de construction et des télécommunications.

Des entreprises telles que Telecom Egypt, Commercial International Bank et Ezz Steel sont cotées en bourse.

Un pays résilient

L'Égypte est confrontée à des défis tels que la volatilité politique, l'instabilité économique, la faiblesse des infrastructures et la corruption.

Je parle d'un pays résilient, car le gouvernement égyptien a entrepris des réformes économiques pour encourager les investissements étrangers et stimuler la croissance économique, notamment en améliorant les conditions d'investissement, en réduisant les subventions à l'énergie et en privatisant des entreprises publiques.

L'Éthiopie

Le futur géant de l'Afrique de l'Est !

Avec une population de plus de 110 millions d'habitants, l'Éthiopie est l'un des pays les plus peuplés d'Afrique, offrant un marché intérieur important et en croissance constante.

En outre, avec un taux de croissance annuel moyen de plus de 9 % au cours de la dernière décennie, l'Éthiopie est l'une des économies qui connaît la croissance la plus rapide au monde !

Les récentes réformes ont permis d'améliorer considérablement l'environnement des affaires en Éthiopie, attirant ainsi des investissements étrangers et créant de nouvelles opportunités pour les entreprises locales.

Le gouvernement éthiopien a également identifié des secteurs clés pour le développement économique du pays, tels que l'agriculture, l'industrie manufacturière et les infrastructures, offrant ainsi des perspectives intéressantes pour les investisseurs.

Des faiblesses à corriger…

Pour devenir le leader en Afrique de l'Est, l'Éthiopie doit faire face à l'instabilité politique, l'insuffisance des infrastructures et la faiblesse de ses institutions financières.

Néanmoins, avec une population jeune et dynamique, des réformes ambitieuses et une croissance économique robuste, l'Éthiopie est en passe de devenir un acteur majeur de l'économie africaine de l'Est.

Je suis convaincu que l'Éthiopie a un potentiel immense et que les investissements dans ce pays peuvent non seulement générer des bénéfices, mais aussi contribuer au développement d'un pays qui deviendra très sûrement une puissance économique mondiale.

Le Kenya

Une bourse en pleine croissance

La Bourse de Nairobi est l'une des plus grandes bourses d'Afrique de l'Est et offre des opportunités d'investissement dans des entreprises locales ainsi que dans des entreprises multinationales opérant au Kenya.

Les secteurs porteurs de l'économie kényane, tels que les services financiers et les télécommunications, sont bien représentés à la Bourse de Nairobi, offrant aux investisseurs une diversité d'options d'investissement.

Un pays à fort potentiel

Avec une économie diversifiée, le Kenya offre des opportunités dans des secteurs clés tels que les services financiers, les télécommunications et l'agriculture. Le pays accueille également des grandes entreprises internationales comme Safaricom et Equity Group Holdings.

Toutefois, il est important de noter que le pays est confronté à des risques comme la corruption et la faiblesse des infrastructures. Malgré cela, le Kenya reste un choix intéressant pour les investisseurs à la recherche de nouveaux marchés en Afrique.

Le Maroc

Une bourse en pleine expansion

Le Maroc est un marché boursier en pleine croissance ! La Bourse de Casablanca, qui est la principale bourse du pays, est en constante évolution depuis ces dernières années.

Sa capitalisation boursière s'élève à environ 75 milliards de dollars, avec plus de 80 entreprises cotées. Parmi les grandes entreprises marocaines présentes en bourse, on peut citer Maroc Telecom, Attijariwafa Bank, ou encore la Compagnie Minière de Touissit.

Une économie à 2 vitesses

En termes d'économie, le Maroc est un pays à la fois stable et diversifié, avec des secteurs porteurs tels que l'agriculture, le tourisme, les énergies renouvelables et l'industrie automobile. La présence de grandes entreprises internationales telles que Renault et Michelin dans le pays renforce encore plus son potentiel économique.

Cependant, le Maroc reste vulnérable aux fluctuations du marché européen, étant donné que le pays entretient des relations commerciales étroites avec l'Union Européenne. Par ailleurs, les risques géopolitiques dans la région, notamment les conflits en Libye et au Sahel, peuvent également affecter l'économie marocaine.

Chapitre 31 : D'autres marchés à surveiller de près !

1. Une histoire sans fin

Comme je l'ai dit en introduction, je ne peux pas mettre tous les pays du monde, car le livre serait interminable !

Avant de vous quitter, je me dois de vous parler de certains d'entre eux qui seraient intéressants à surveiller de près...

2. Les pays à surveiller !

L'Iran

Peu de gens le savent, mais l'Iran est la 14e puissance économique dans le monde !

Certes, le pays a connu des bouleversements politiques et économiques au cours des dernières décennies, mais il possède un potentiel économique important !

L'Iran possède :

- les 2es plus grandes réserves de gaz naturel au monde.
- les 4es réserves mondiales de pétrole...

Selon les estimations de l'Agence américaine d'information sur l'énergie, les réserves de pétrole de l'Iran s'élèvent à environ 155 milliards de barils, tandis que les réserves de gaz naturel atteignent environ 33 800 milliards de m3. Ces chiffres montrent à quel point l'Iran est un acteur important sur la scène énergétique mondiale !

De plus, le pays a entrepris des réformes économiques visant à diversifier son économie et à attirer les investisseurs étrangers. La bourse de Téhéran est également en croissance, avec des entreprises telles que la Compagnie pétrolière nationale iranienne et la Compagnie de gaz national iranienne.

Le Mexique

Ce pays est la 4e puissance économique du continent américain, avec un PIB de 1 258 milliards de dollars US !

En 2021, le pays a enregistré un taux de croissance annuel de plus de 4,8 % !

Le Mexique dispose de plusieurs atouts économiques majeurs :

- Une position stratégique en tant que porte d'entrée vers l'Amérique latine et les États-Unis !

- Un accès facile aux marchés internationaux grâce à des accords commerciaux avec plus de 50 pays, dont l'Union européenne, les États-Unis, le Canada, le Japon et plusieurs pays d'Amérique latine.

- Une main-d'œuvre jeune et qualifiée, avec une population active de plus de 55 millions de personnes, dont une grande partie parle anglais.

- Une forte culture entrepreneuriale et une croissance rapide du secteur des start-ups et des entreprises innovantes, en particulier dans les domaines de la technologie, de la biotechnologie et de l'énergie renouvelable.

- Des ressources naturelles abondantes ; le cuivre, l'argent, le zinc et le plomb, qui stimulent l'industrie du pays.

- Un système éducatif en expansion, avec un nombre croissant de diplômés dans des domaines tels que l'ingénierie, la technologie, les sciences et les affaires.

Le gouvernement mexicain a mis en place des politiques favorables aux investissements étrangers, notamment en simplifiant les formalités administratives pour les entreprises étrangères et en offrant des incitations fiscales.

De plus, le pays est membre de l'Accord de libre-échange nord-américain (ALENA) avec les États-Unis et le Canada, ce qui renforce l'intégration de l'économie mexicaine dans l'économie mondiale.

L'Argentine

C'est la 5e économie en Amérique, avec un PIB de plus de 518 milliards de dollars. La croissance économique a progressé de près de 10,3 % en 2021 !

Après 3 années consécutives de récession, le pays sort la tête de l'eau pour afficher un score très intéressant !

Parmi les forces de l'économie argentine, on peut citer :

- Le secteur agricole : L'Argentine est l'un des principaux producteurs et exportateurs de produits agricoles au monde : troisième exportateur de soja, de maïs et quatrième exportateur de viande bovine. Le pays est également un important exportateur de blé, de lait, de vin et de produits de la mer.

- Le secteur de l'énergie : L'Argentine a un potentiel important pour les énergies renouvelables. Le gouvernement argentin a récemment lancé un plan ambitieux pour augmenter sa production d'énergie renouvelable !

- L'industrie manufacturière : l'Argentine dispose d'une industrie manufacturière développée dans les secteurs de l'automobile, de l'aéronautique, de l'électronique et de l'agroalimentaire. Le pays produit des voitures, des camions, des avions, des produits pharmaceutiques, des produits chimiques, des équipements électriques et électroniques, ainsi que des produits alimentaires transformés !

Malgré ses atouts économiques, l'Argentine doit faire face à des défis tels que l'inflation élevée, la dette publique importante et une instabilité politique récurrente.

Le gouvernement argentin a mis en place des politiques favorables aux investissements étrangers, avec des incitations fiscales et des programmes de développement des infrastructures.

De plus, le pays a signé des accords commerciaux avec des partenaires clés tels que le Mercosur, l'Union européenne et les États-Unis, ce qui a renforcé l'intégration de l'économie argentine dans l'économie mondiale !

La Colombie

Cette économie émergente est caractérisée par une forte croissance économique, avec un taux de croissance moyen annuel de plus de 3 % au cours des dernières années.

Parmi les forces de l'économie colombienne, on peut citer :

- le secteur énergétique en plein essor
- la production de pétrole et de gaz
- l'agriculture
- l'industrie manufacturière

La Colombie dispose de plusieurs atouts économiques majeurs, notamment :

- un secteur énergétique en plein essor
- une production importante de pétrole et de gaz
- un secteur agricole dynamique
- une industrie manufacturière développée

Le gouvernement colombien a mis en place des politiques favorables aux investissements étrangers, grâce aux incitations fiscales et aux programmes de développement des infrastructures.

De plus, le pays a conclu des accords commerciaux avec des partenaires clés tels que les États-Unis et l'Union européenne, ce qui a renforcé l'intégration de l'économie colombienne dans l'économie mondiale.

Le Rwanda

Appelé également "Suisse de l'Afrique", il est connu pour sa stabilité politique, sa croissance économique soutenue et son engagement en faveur de la protection de l'environnement.

Depuis le génocide de 1994, le Rwanda a accompli des progrès considérables en matière de développement :

- Réduction significative du taux de pauvreté : de 56,7 % en 2006, le taux est passé à 39,1 % en 2014.

- Réduction du taux de mortalité infantile : de 86 décès pour 1 000 naissances vivantes en 2005, le taux est tombé à 32 en 2020.

- Augmentation de l'espérance de vie : de 48 ans en 1994, elle est passée à 67,7 ans en 2020 !

- Développement des infrastructures : le pays dispose désormais d'un réseau routier moderne et bien entretenu, ainsi que d'un accès accru à l'électricité et aux technologies de l'information.

- Renforcement de l'éducation et de la santé : le pays a investi massivement dans ces secteurs, avec un taux d'alphabétisation en constante augmentation et un accès accru aux soins de santé.

On parle quand même d'un pays qui :

→ envoie des médicaments par drone aux familles isolées dans les montagnes...

→ a interdit les sacs plastiques à usage unique !

→ a planté plus de 300 millions d'arbres en seulement 15 ans pour lutter contre la déforestation !

Le Rwanda est également réputé pour sa politique en faveur de l'égalité des genres, avec un nombre élevé de femmes occupant des postes importants dans la vie politique et économique du pays.

Le Rwanda doit encore faire face à des défis tels que l'accès limité à l'électricité et l'insuffisance des infrastructures, ainsi que des tensions politiques avec ses voisins de la région des Grands Lacs. Toutefois, malgré ces difficultés, je suis vraiment optimiste quant à l'avenir de ce pays !

Le Pérou

Le Pérou est la 8e économie en Amérique, avec une croissance économique de près de 9,1 % en 2021 !

Parmi les forces de l'économie péruvienne, on peut citer :

- Le secteur minier : le Pérou est un pays riche en minerais, ce qui lui confère un rôle de premier plan sur la scène internationale ! L'industrie minière péruvienne tire ainsi sa richesse des métaux précieux tels que l'or et l'argent, des métaux semi-précieux tels que le cuivre, ainsi que d'autres métaux tels que le zinc, le plomb, l'étain, le fer et le molybdène...

- Le secteur de la pêche : le Pérou est également un important exportateur de crevettes, de poissons et de calmars. Le secteur de la pêche représente environ 10 % des exportations du pays et emploie plus de 400 000 personnes.

- Le tourisme : le Pérou est une destination touristique populaire, notamment pour ses sites archéologiques du Machu Picchu, ses paysages naturels, sa cuisine et sa culture.

Le pays a signé des accords commerciaux avec des partenaires clés pour renforcer son intégration dans l'économie mondiale :

- États-Unis
- Union européenne
- Chine
- Brésil

Malgré ses atouts, le Pérou doit faire face à des défis tels que la pauvreté, l'inégalité, l'insuffisance des infrastructures et la corruption.

Le Ghana

Le Ghana est l'une des économies émergentes en Afrique avec un PIB de plus de 72 milliards de dollars US.

Le pays a connu une croissance économique stable ces dernières années, avec un taux de croissance moyen de 6 % par an !

Parmi les forces de l'économie ghanéenne, on peut citer :

- Le secteur agricole : le Ghana est un important producteur et exportateur de cacao, avec une production annuelle de plus de 800 000 tonnes. Le pays produit également du café, du thé, des noix de cajou, du maïs, du riz et de l'huile de palme.

- Le secteur de l'énergie : avec d'importantes réserves de pétrole et de gaz naturel, ce pays est un important producteur et exportateur d'énergie. Le pays développe également des projets d'énergie solaire et éolienne !

- L'industrie manufacturière est en pleine expansion dans les secteurs de la transformation des aliments, de la construction navale, de la production de textiles et de l'assemblage de voitures.

Cependant, le Ghana doit faire face à des défis tels que l'inflation, la dette publique importante et une dépendance aux matières premières.

Le pays a également signé des accords commerciaux avec des partenaires clés tels que la Communauté économique des États de l'Afrique de l'Ouest (CEDEAO), les États-Unis et l'Union européenne, renforçant ainsi l'intégration de l'économie ghanéenne dans l'économie mondiale.

Donnez votre avis sincère ! Vos

suggestions et critiques sont précieuses.

Elles permettent que chaque lecture soit encore plus satisfaisante !

Je vous remercie sincèrement d'avoir lu mon livre.

Je vous souhaite tout le succès que vous méritez !

Conclusion

En lisant ce livre, vous avez vu que les opportunités d'investissement se trouvent partout dans le monde, des États-Unis à l'Europe en passant par les BRICS, les pays asiatiques et africains. Chaque pays présente des risques différents, mais aussi des opportunités que l'on retrouve nulle part ailleurs !

Vous voulez réussir en bourse et maximiser vos gains ? Ne cherchez plus !

Grâce à mon parcours en investissement, j'ai identifié pour vous les critères clés pour sélectionner les meilleures actions et ETF. Avec mes livres sur l'investissement en bourse, vous aurez toutes les clés en main pour rester rentable en bourse, quel que soit votre niveau d'expérience.

Ne laissez pas passer les opportunités qui s'offrent à vous, investissez avec confiance et sécurité grâce à nos guides pratiques et accessibles !

N'attendez plus et commandez dès maintenant nos livres sur l'investissement pour réussir !

J'espère sincèrement que ce livre vous a fourni des informations utiles pour identifier les pays et les entreprises offrant les meilleures opportunités d'investissement.

À vous de jouer maintenant, en sachant que des opportunités il y en aura toujours pour ceux qui savent les déceler et qui savent les saisir !

Je vous souhaite beaucoup de succès !

Gabriel Massias

Sources

Livres

- Hagstrom, R. G. (2013). *The Warren Buffett Way*. Wiley.

- Graham, B., & Zweig, J. (2023). *The Intelligent Investor Rev Ed. : The Definitive Book on Value Investing*. Generic.

- Prix Nobel d'économie Joseph Stiglitz

Sites

Précision importante

Il convient de souligner que les sites mentionnés sont fournis à titre indicatif uniquement et ne constituent en aucun cas des conseils en investissement. Il est important de noter que ces liens ne sont pas des liens d'affiliation et ne génèrent aucune rémunération pour l'auteur ou l'éditeur.

Organismes officiels de régulation :

- Site officiel de la SEC : https://www.sec.gov/

- Site officiel de l'Autorité des Marchés Financiers (AMF) : www.amf-france.org/fr

- Suisse : Autorité fédérale de surveillance des marchés financiers (FINMA) : www.finma.ch/fr/

- Canada : Autorité des marchés financiers (AMF) : https://lautorite.qc.ca/grand-public

Autres sites :

- Google Finance : www.google.com/finance/?hl=fr
- Yahoo Finance : https://fr.finance.yahoo.com/
- S&P Global Ratings : www.spglobal.com/ratings/en/index
- Motley Fool : www.fool.com/
- Forbes Investing : www.forbes.com/investing/
- Investing.com : www.investing.com
- Bloomberg : www.bloomberg.com/markets
- Morning Star : www.morningstar.fr/fr/
- Programme des Nations Unies pour le Développement : www.undp.org/fr
- Forum économique mondial : www.weforum.org/
- FMI (Fonds Monétaire International) : https://www.imf.org/
- OMC (Organisation Mondiale du Commerce) : www.wto.org/

- OCDE (Organisation de Coopération et de Développement Économiques) : www.oecd.org/

- FAO (Organisation des Nations Unies pour l'alimentation et l'agriculture) : www.fao.org/home/fr/

- Département du Commerce des États-Unis : www.commerce.gov/

- Département de l'agriculture des États-Unis : www.usda.gov/

- US Energy Information Administration : www.eia.gov/

- Global Entrepreneurship Index : www.gemconsortium.org/

- Statista : www.statista.com/

- Global Innovation Index : www.wipo.int/global_innovation_index/fr/

- Transparency International : www.transparency.org/

- Institute for Economics and Peace : http://visionofhumanity.org/indexes/global-peace-index/

- The Economist Intelligence Unit : www.eiu.com/n/

www.ingramcontent.com/pod-product-compliance
Lightning Source LLC
La Vergne TN
LVHW050639051026
849532LV00002B/444
* 9 7 9 8 2 3 1 5 9 3 2 9 3 *